たったこれだけのことで！
仕事力が3倍アップする時間活用法

水口和彦 著

実務教育出版

はじめに

「時間が足りない」
「もう少し時間さえあれば…」

あなたは、そんなふうに思ったこと、ありませんか？

時間が足りない、やることが多くて大変、というのは、現代に生きるわれわれが、共通して抱える悩みになりつつあります。IT技術の普及によって、世の中のスピード、仕事のスピードが上がってきているのが、その原因の1つです。

たとえば、私が以前にいた自動車業界では、新しい自動車の開発をスタートしてから生産が始まるまでの期間が、どんどん短くなっています。従来の2分の1や3分の1の期間で開発したという事例も多くありますし、なかには、4分の1になったなんて話もあります。開発期間が短くなり、そのなかにたくさんの仕事が詰め込まれている、そんな感じですね。

そして、他の業界でも同じようにスピードが求められることが増えていますし、それにともなって、「時間が足りない」と感じる人も、増える一方です。

ただ、この「時間が足りない」という悩みは、案外複雑なものです。「時間が足りない」と感じているときには、本当に時間が足りない場合もあれば、時間が足りないと錯覚している場合もあるからです。

私たちは、「時間不足感」と、「時間不足」の両方に悩まされていることが多いのです。

「時間不足感」の解消❶

　あなたが社会人なら、学生の頃を思い出してみてください。
　レポート提出の前日に、夜遅くまでかかってレポートを書いたこと、ありませんか？
　もしあれば、その経験を思い出してみてください。
　もう眠いのに、なかなかレポートが仕上がらない。そんなときには、「もっと時間があれば」と感じますよね。でも、これは、「時間不足」というよりは、「時間不足感」なんです。

　こうやってレポートを書いてるときには、「昨日のうちにやっておけばよかった」という後悔もしますよね。これは、本当の「時間不足」ではなく、時間の使い方を失敗したこと、無計画に行動したことを表しています。

　こういう「時間不足感」は、計画を立てて行動することによって、防ぐことができます。もちろん、「計画を立てる」ことを毎日続けていくのは、結構大変なことです。そこで、本書では、簡単に、短時間でやれる計画の立て方を紹介していきます。ですから、あまり心配しないでくださいね。

「時間不足感」の解消❷

　もう1つの、「時間が足りない」事例を考えてみましょう。

　社会人になると、小さな仕事から大きな仕事まで、いろいろな仕事を任されることが増えてきます。また、複数の仕事を並行して進めていくことも多くなってきます。そんなふうに仕事がたくさんあるせいで、「時間不足」だと感じるときもあります。

　「この仕事をやらなきゃ」、「あの仕事もある」と、あれこれ気になると、気があせりますし、時間がいくらあっても足りない気がします。

　実は、こんなときは、「時間不足感」と「時間不足」の両方に混乱させられているんです。本当に時間が足りないこともあるのですが、そうじゃない場合もあるということです。

　「時間不足感」とは、数多くの仕事に追われて、実際以上に「時間が足りない」ように感じる状態です。「あれもこれも」と、いろいろなことが気になり、1つの仕事に集中できなくなっているんです。これは、本当の「時間不足」とは違います。

　こんな「時間不足感」を減らすためには、どうしたらいいんでしょうか？　たとえば、10以上の仕事を同時に進めながら、「時間不足感」を感じずに、平然としている。もし、そんな人がいたとしたら、その秘訣を聞いてみたいですね。10以上もの仕事を並行して進めていくなんて、とても大変なことのように思えますから。

でも、実は、あなたもそれをやっていたんです。
　たとえば、中学生のころ、学校でどれだけの数の教科を勉強していたでしょうか。教科の数は10以上あったはずです。でも、いろいろな教科に追われる「時間不足感」は、感じなかったと思いませんか？

　これは、あらかじめ時間割が組まれていることと関係があります。1日にやる教科の数が限定されているので、「あれもこれも」と気があせらずにすむのです。
　もし、これが時間割がなくて、全教科を自習で進めるとしたら、結構大変だと思いませんか？　「あれをやらなきゃ」、「これをやらなきゃ」と混乱して、「時間不足感」を感じそうですよね。
　もちろん、仕事の計画は、学校の時間割のようには単純ではありません。しかし、仕事の場合も、やるべきことがきちんと計画されているだけで、気があせらなくなり、仕事に集中できるという効果が同じようにあるのです。

　自分の仕事を整理し、時間の使い方を計画すると、「時間不足感」は減っていきます。そして、「時間不足感」をなくしていくことによって、本当の「時間不足」にも、対処できるようになってきます。

　では、その「時間不足」のほうは、どう対処していけばいいのか？　次の例を見てください。

「時間不足」の解消

　私は、これまでに数々の時間管理手法を調べてきました。そのなかには、共通して取り上げられている「時間不足への対処法」があります。それは、仕事の一部を断ったり、人に任せたりする、というものです。この手法は、もちろん有効なものですが、これを少し誤解している人が多いんです。

　仕事をたくさん抱えてしまっているときには、いまさら仕事を少しだけ断ったり、人に任せたりしても、事態はあまり変わらないように思えるものです。だからあきらめて、自分でやってしまうこともあります。しかし、これが誤解です。そして、この誤解が事態をより悪くするのです。

　次のページの図を見てください。1つの水槽に、給水と排水の2つの蛇口があるとします。

　いま、1日に105リットル給水し、100リットルを排水しているとします。この場合、出る水よりも入る水のほうが多いので、水槽の水はだんだん増えてきて、いつかあふれ出てしまいますよね。

　また、水槽を見ると、そこにはたまり続けてきた水があります。その大量の水を排水しきるのは、とても大変です。

　しかし、たくさんの水がたまった原因は単純です。排水する量より、給水する量が多いせいです。もし、給水をほんの少し絞って100リットル以下にすれば、水槽の水は、確実に減っていきますよね。

　仕事も、これと似ています。

「時間不足を解消するために、仕事を断ったり、人に任せたりする」というと、

「そんな大量の仕事、断わるなんてとんでもない」

「そんな大量の仕事、任せる相手なんていない」

と感じる人が多いと思います。

　それは、いま自分が抱えている仕事、つまり、水槽の水を見て、そう思っているのです。そんな大量の仕事は、確かに断ったりできません。しかし、本当は、給水量、つまり、新しく引き受ける仕事の量を、5パーセントほど減らすだけでいいのです。

　これなら、できそうな気がしませんか？

　「時間不足」に対処するためには、新しく引き受ける仕事の量を、ほ

んの少し減らすだけでいい。これは、単純なことですが、意識してこれを実行できている人は、少ないんです。なぜなら、入ってくる（引き受ける）仕事量と、出ていく（終わらせた）仕事量は、案外見えにくいものだからです。

　たとえば、
「あなたは来週、どんな仕事をやらなければいけないのですか？」
　という質問に正確に答えようとすると、案外難しいと思いませんか？　たくさんの仕事のなかには、忘れている仕事があったり、いつやるかまだ決めていない仕事があったりするのが普通です。そのせいで、自分の仕事量を正確につかむことは難しいんです。
　しかし、こういう状態で、「時間不足」に対処しようとしても、給水の蛇口をどれだけ絞ったらいいのか、わかりませんよね。ですから、絞ることができずに時間が過ぎてしまったり、「多分、大丈夫だろう」と、やれる以上の仕事を引き受けてしまったりするんです。

　「時間不足」に対処するには、自分の仕事量をつかむことが必要です。そのためには、仕事の計画を立てる習慣が役に立ちます。また、計画を立てることが習慣になると、先ほどの「時間不足感」も減っていきます。「計画」を立てる方法さえ身につくと、いいことづくめなんです。さらに、他にもメリットはたくさんあります（どんなメリットがあるか、気になる人は、先にPart10を読んでみてください）。

　「計画を立ててから行動する」ということに、苦手意識を感じる人がいるかもしれません。でも、大丈夫です。本書では、とても短時間で、手間をかけずにできる計画の立て方を紹介していきます。

実は、私も以前は「計画を立ててから行動する」ことが、とても苦手でした。それを克服できた手法を、これから紹介します。「もし、この手法で続けられなかったら、他の方法でも続きません」と断言して構わないくらい、簡単な手法です。

　もちろん、計画を立てていくわけですから、多少の労力は必要です。しかし、その労力は、1回に10秒間だけの習慣をつけることから始まるものです。きっと、あなたにも無理なくできると思います。

　それでは、これから、その手法を紹介していきましょう。
　準備は、いいですか…？

本書の読み方

本書のPart1〜7は、次の順番で構成されています。

Part1、2：日常的な計画の立て方・実行の仕方
Part3、4：大きな仕事の計画の立て方
Part5、6：長期的なスケジュールの整理法
Part7　　：Part1〜6までの実践法

　たとえば、Part2まで、あるいはPart4まで読んで、すぐに実践したくなった場合は、Part7を読んでから実践すると効果的です。
　Part8〜10は、どんな順番で読んでも構いません。

Contents

はじめに * 1

Part 1 「計画的な行動」を身につける！

1. なぜ「計画的な行動」が身につかないのか？ …… 16
2. 「計画的な行動」につながる「3つの習慣」…… 18
3. 第1の習慣は「計画を立てる」…… 20
4. 第2の習慣は「見直す」…… 22
5. 第3の習慣は「実行する」…… 24
6. 「時間の地図」で自分の時間をスッキリ整理する …… 26
7. 「時間の地図」を使いこなすための縦と横の視点 …… 28

　●まとめ * 30

Part 2 「時間の地図」で計画を実行する

1. 計画には2種類ある …… 36
2. 1つの地図にまとめる理由 …… 38
3. 「いつ終わるか」も考えてアポイントを書く …… 40
4. 「いつやるか」を考えてタスクを書く …… 42
5. 計画を見直して実行力アップ！ …… 44
6. たった10秒見ることで実行力が飛躍する …… 46

7 「時間の地図」の例1・2 …… 48

8 「時間の地図」の例3・4 …… 50

　◉まとめ＊52

Part 3 「段取り上手」になる！

1 なぜ「段取り上手」になれないのか？ …… 58

2 そもそも「段取り」って何？ …… 60

3 「段取り上手」は分解上手 …… 62

4 料理の手順を考えるように段取りをする …… 64

5 買い物に行くように段取りをする …… 66

6 「段取り上手」な人が守っている3つの条件 …… 68

　◉まとめ＊70

Part 4 段取り力を仕事に活かす

1 逆算して段取りする …… 82

2 逆算した段取りを自分のスケジュールへ …… 84

3 リストアップして段取りする …… 86

4 書き出した段取りを自分のスケジュールへ …… 88

5 日常の仕事も段取りで：出張編 …… 90

6 日常の仕事も段取りで：報告書編 …… 92

7 段取りを実行するために、一番大事なこと …… 94

　◉まとめ＊96

Part 5 長期的な計画を実現する！

1. なぜ長期的な計画はうまくいかないのか？ …… 102
2. 長期的な計画を実現するための「1分間の習慣」…… 104
3. プロジェクト上手の条件①：目標と計画を忘れない …… 106
4. プロジェクト上手の条件②：「山」を増やさない …… 108
5. プロジェクト上手の条件③：「複数の」プロジェクトの流れをつかむ …… 110
6. 「プロジェクトの地図」でやるべきことをスッキリ整理 …… 112
7. 実現のキーポイントは「区切りは週単位で」…… 114

●まとめ＊116

Part 6 「プロジェクトの地図」を賢く使いこなす

1. 「自分の」プロジェクトを「見える化」する地図 …… 122
2. 「週ごと」の「やること」を書き出す① …… 124
3. 「週ごと」の「やること」を書き出す② …… 126
4. 「山」と「山」とがぶつからないように気をつける …… 128
5. 「プロジェクトの地図」の差がつく使い方① …… 130
6. 「プロジェクトの地図」の差がつく使い方② …… 132

●まとめ＊134

Part 7 「時間の地図」を使った1日

1. まず、朝一番に何をやる？ …… 140
2. 仕事を片づけながら何をやる？ …… 142
3. 新しい仕事が発生したら何をやる？ …… 144

4 予定が変更になったら何をやる？ …… 146

5 アクティビティが発生したら何をやる？ …… 148

6 仕事があふれそうなときに何をやる？ …… 150

7 時間があいたときに何をやる？ …… 152

●まとめ＊154

Part 8 「先延ばしグセ」へのちょっと意外な対処法

1 先延ばしグセに困っていませんか？ …… 160

2 なぜ先延ばしグセは起こるのか？ …… 162

3 「時間の地図」で先延ばしが防げる2つの理由 …… 164

4 先延ばしグセを左右する4つの考え方 …… 166

5 先延ばしグセを防ぐための考え方（強める編） …… 168

6 先延ばしグセを防ぐための考え方（弱める編） …… 170

7 先延ばしグセと上手につきあう裏ワザ …… 172

●まとめ＊174

Part 9 時間バランスで使い方を見直す

1 後悔しないために時間のバランスを考える …… 180

2 時間バランスを簡単に計算する方法 …… 182

3 時間のムダを見つけて効率をあげる …… 184

4 時間の切り分けで集中力アップ！ …… 186

5 その時間は誰のもの？　時間の所有権という考え方 …… 188

6 いまの時間を将来へ投資する …… 190

●まとめ＊192

Part 10 「時間の地図」で変わること

1. 仕事の効率がよくなる …… 198
2. 仕事のストレスが減る …… 200
3. やりたいことができる …… 202
4. 習慣が成長を生む …… 204
5. さあ、実行しよう …… 206

　　◉まとめ＊208

おわりに＊212

---

column

仕事の優先順位の考え方＊32

時間管理では大は小を兼ねない＊54

なぜ、「書くこと」が必要なのか？＊72

「段取り力」はいろいろなところで身につけられる＊98

計画は絶対じゃない？＊118

プロジェクトは一種の物語、脚本家は自分自身＊136

グループウェアとのつきあい方＊156

北風も太陽も活用してしまおう＊176

どちらも大事な「時間の切り替え」と「気持ちの切り替え」＊194

自分の仕事力を上げるためには？＊210

Part 1

たったこれだけのことで！

「計画的な行動」を身につける！

Part 1

なぜ「計画的な行動」が身につかないのか?

無計画に行動してしまう…アサミの悩み

「あと1時間で仕上げなきゃ!」

　食品メーカーの商品企画部に勤めるアサミは、いま新製品の企画書を作っています。
　この企画が通れば、念願の新商品開発がスタートできます。しかし、準備が遅れてバタバタしているようです。

「やっぱり、もっと早く始めておけばよかった…」
　アサミは、企画書を書き始めるのが遅れたことを後悔しています。他の仕事に気を取られていて、いつの間にか時間が過ぎてしまったのが失敗でした。なんとか書き上げて会議に臨んだものの、企画の詰めが甘かったために、残念ながら不採用でした…。

「わたしって、計画性がなくてダメだなあ…」
　そう思うアサミです。
　アサミが上手に仕事を進められるように変わるには、どうすればいいのでしょうか…。

仕事を先延ばしにしてしまう…ユウコの悩み

「今週こそは余裕を持って原稿を仕上げよう！」

と、月曜日に思っていたのもつかの間…今日は水曜日。週刊誌の編集部に勤めるユウコは、いま残業をしています。今週も、また締め切りギリギリになりそうです。

「やっぱり、昨日のうちに始めておけばよかった…」

わかっていても仕事を先延ばししてしまうのが、ユウコの悩みです。期限が迫ってこないとやる気が出ないので、仕事がつい先延ばしになってしまうのです。

「わたしって、計画性がないなあ…。だからうまくいかないのよね。いつも」

そう思うユウコです。

ユウコは、いつになったらこの先延ばしをやめられるのでしょうか…。

仕事がうまくいかなくて悩んでいる、この2人。実は、彼女たちは、1つ大きな間違いをしています。

あなたは、その間違いが何かわかりますか？

Part 1-2 「計画的な行動」につながる
「3つの習慣」

アサミとユウコの間違いとは？

アサミとユウコは、「自分には計画性がない」と思い、そんな自分を変えたいと思っています。しかし、この「計画性」って、一体なんなのでしょうか？

「計画性」という言葉は、よく「○○さんは計画性がある」「□□さんは計画性がない」みたいに、人の性格を表す言葉のように使われていますね。しかし、「もっと計画性を持たなくちゃ」と反省しても、具体的に自分のどこを変えればいいのか…、わかりにくいと思いませんか？ それが、なかなか自分を変えることができない理由です。

自分の「計画性」を高めるためには、まず、人には「計画性」という性格はないと考えてください。あるのは、「計画的な行動」と「計画的じゃない行動」の違いだけです。

「計画性」は性格ではなく、行動の問題なのです。そして、行動のなかでも、毎日の行動、つまり、「習慣」で決まるものです。

さっきの答、アサミとユウコの間違いとは、「計画性がない」ことを反省しても、そのあとで自分の「習慣」を変えようとしていないことなんです。

*ちなみに「計画性」という言葉は『広辞苑』には載っていません。よく使われているけど、実態のない言葉なのかもしれませんね。

習慣を3つだけ身につけよう

あなたの周りには「計画的に行動している」と思える人はいるでしょうか？

「計画的な行動をする人」の特長はいろいろあります。たとえば、「やると決めたことを忘れず実行する」「行動する順番やタイミングがうまい」「いま楽するよりも、先を考えて行動する」などです。これらを一言でいうなら、「未来を予想して行動を組み立てたり、実行できる」という感じでしょうか。

そんなふうに「計画的に行動する」ことは、難しいと思うかもしれませんが、実は、そのために必要な習慣は、次の3つしかありません。

・何を、いつやるか「計画を立てる」
・決めた計画に問題があれば「見直す」
・決めた計画を思い出して「実行する」

この3つです。

計画的に行動するには、「計画を立てる」、「実行する」ことが必要です。ただし、無理な計画を立てても、実行できませんから、それに気づいて「見直す」ことも加えた、3つの習慣が必要です。

こう聞くと、「計画を立てる」なんて苦手だなあ、と思う人もいるかもしれませんね。

でも、この3つは、決して特別なことではありません。誰でも普段考えていることなんです。それに一工夫するだけで、あなたは必ず、いままでよりもずっと計画的になれます。

では、この3つについて、説明していきましょう。

Part 1-3 第1の習慣は「計画を立てる」

簡単にできる
「計画を立てる」習慣

「計画的な行動」のための第1の習慣は、「計画を立てる」ことです。「計画を立てる」というと、難しく感じるかもしれませんので、もっと簡単にいうと、「計画を立てる」とは、「いつやろうか」とイメージすることです。

たとえば、今週中に提出しなければいけないレポートがあると考えてみてください。あなたは、まず、「金曜日にレポートを提出する」という目的を考えますよね。そして「金曜日に提出するためには、木曜日の午後に書き始めればいいか」のように、いつ頃やろうかとイメージすると思います。これがもう「計画」になっているんです。

ただし、1つ注意点があります。せっかく「木曜日にやろう」と決めても、あとで忘れてしまっては困りますよね。そうならないために、決めたことは、すぐに書いてしまう習慣が必要なんです。

「計画を立てる」と聞くと、「今日は何と何をやろう」というように、1日の行動を順番に決めていくことを想像した人もいるかもしれません。しかし、そういうやり方の計画は、立てるまでにけっこう苦労することが多いのです。それよりも、ここで紹介したように、何かをやろうと決めるたびに、ひとつずつ書き足していくようにしてみてください。こうすると、ずっと簡単に計画を立てることができるんです。

計画的に行動するための3つの習慣

Part 1 「計画的な行動」を身につける!

頭のなかで考えていること

これはいつやろうか?
とイメージする

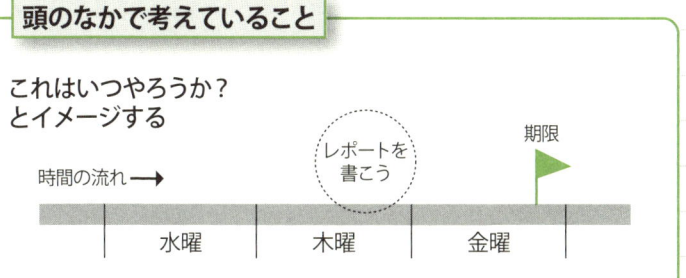

習慣として身につけたいこと

何を、いつ、やるか決めたら
忘れないように書く

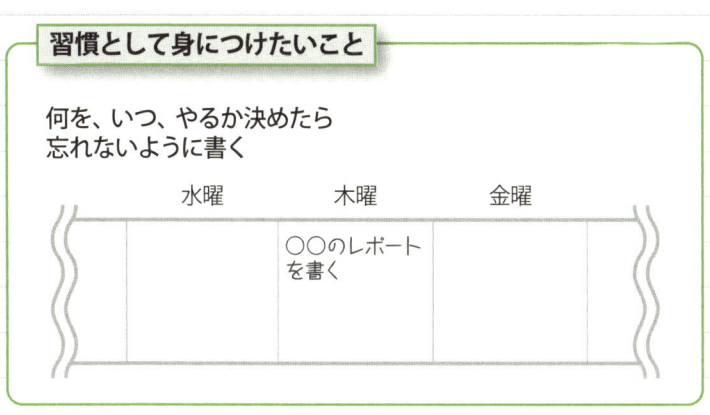

Part 1
4 第2の習慣は「見直す」

誰でもやっている
「見直す」習慣

　「計画的な行動」のための第2の習慣は、計画を「見直す」ことです。仕事のなかでも、生活のなかでも、「あれをやろう」「これをやろう」と思いつくことはたくさんあると思います。それをどんどん追加していくと、いつの間にか、実行しきれない計画になってしまう場合もあります。ですから、計画を「見直す」ことが必要なんです。計画を「見直す」というのは、決して特別なことではありません。たとえば、レポートを書こうとする日に、飲み会が重なっていたことに気づいた、という場合を考えてみてください。レポートを確実に仕上げるためには、その飲み会は断らなくてはいけませんよね。これが計画を「見直す」ことです。

　ただ、同じ見直すにしても、早い段階で気づいて、見直すほうが、「計画的」ですよね。早く気づけば、レポートを前日のうちに仕上げて、飲み会にも参加できるようになるわけです。そのためには、計画の重なりに早く気がつくことができればいいのです。

　このように上手に計画を「見直す」ことも、ちょっとした習慣で、できるようになります。第1の習慣の「計画を立てる」とき、つまり、「書く」ときに、その計画の重なりをチェックすればいいんです。

　そのために大事なことは、計画を1つにまとめることです。それさえできれば、「見直す」のは、決して難しいことではありません。

計画的に行動するための3つの習慣

Part 1 「計画的な行動」を身につける！

頭のなかで考えていること

重なってしまった計画を見直す

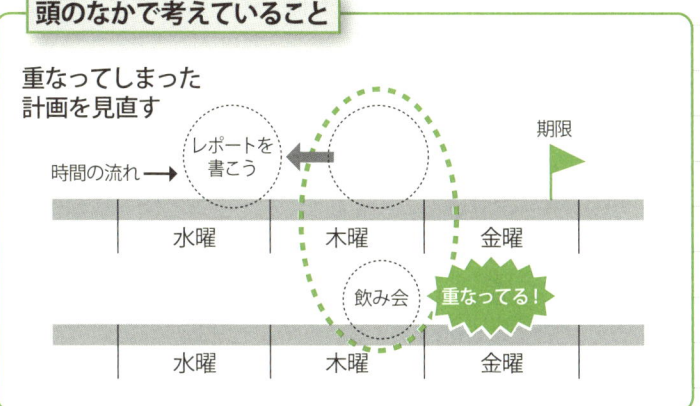

習慣として身につけたいこと

計画は1つにまとめる

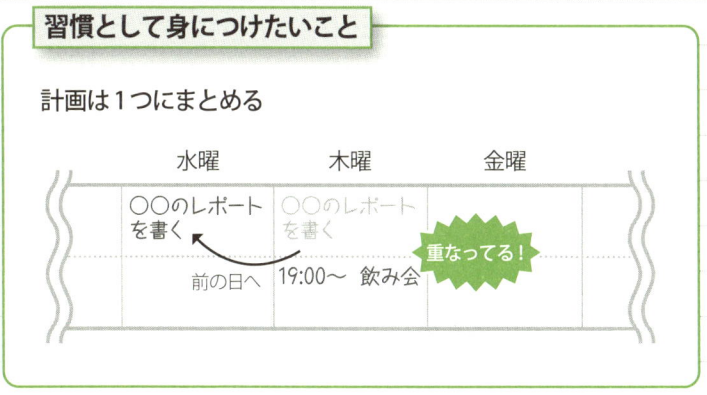

Part 1 - 5 第3の習慣は「実行する」

誰でもやっている
「実行する」習慣

　どんな計画も実行がともなわなければ、意味がありませんよね。ですから、「計画的な行動」に必要な第3の習慣は、決めて、見直したことを「実行する」ことです。

　この「実行する」ことも、特別なことではありません。たとえば、レポートのことを思い出して書き始め、書き終えるのが「実行する」ということです。単純ですね。しかし、この単純なことが、なかなかうまくできなかったことはありませんか？　たとえば、やろうと思っていたことを忘れてしまい、あとであわててしまった。そんな経験は、あなたにもあるのではないでしょうか。

　私たちは普段、頭のなかでいろいろなことを考えています。ですから、さっきまで覚えていたことをうっかり忘れてしまうというのも、決して珍しいことではありません。でも、そうなると、せっかく決めた計画を実行するタイミングを逃してしまいます。

　ですから、決めたことをタイミングよく実行するためには、計画を「見る」ことが必要です。それも、1日に2、3回見るという程度ではなく、「計画を見ながら仕事をする」という感じで進めると、うまくいきます。

　ついうっかり忘れてしまいがちな人も、計画を「見る」ことを習慣にすれば、忘れることがなくなります。「見る習慣」は、計画を実行に結びつけるために、とても大事なことなのです。

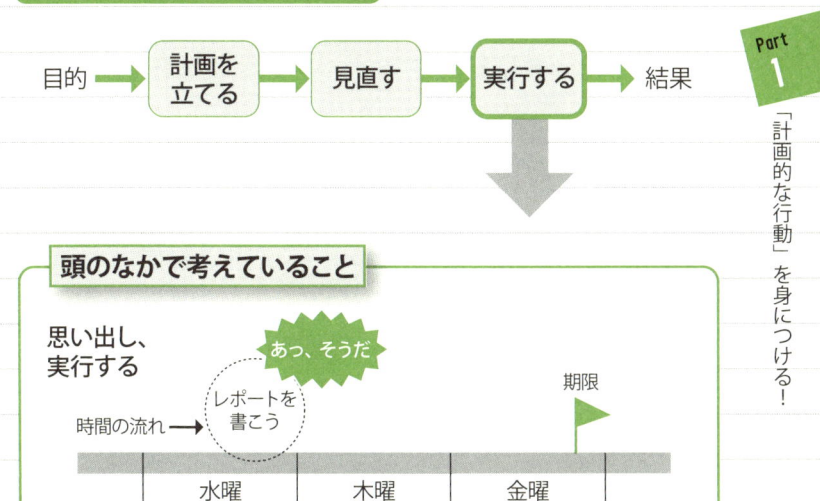

計画的に行動するための3つの習慣

目的 → 計画を立てる → 見直す → 実行する → 結果

Part 1 「計画的な行動」を身につける!

頭のなかで考えていること

思い出し、実行する

あっ、そうだ
レポートを書こう
時間の流れ →
期限
水曜 | 木曜 | 金曜

習慣として身につけたいこと

書いた計画を見ながら仕事する

水曜	木曜	金曜
○○のレポートを書く	19:00〜 飲み会	

見る
やらなくちゃ!

Part 1-6 「時間の地図」で自分の時間をスッキリ整理する

「時間の地図」が役に立つ!

ここまでに説明した、「計画を立てる」、「見直す」、「実行する」という習慣は、1つずつ見れば、決して特別なことではありません。あなたも、普段、頭のなかでやっていることが多いと思います。そして、これらの習慣がうまくつながったときは、「計画的な行動」ができるし、うまくつながらなければ、「計画的な行動」にはならないというわけです。

▎3つの習慣が、つながらなければ「計画的な行動」はできない

この「計画を立てる」、「見直す」、「実行する」という習慣をうまくつなぐために使う手法は、「時間管理」または「タイムマネジメント」と呼ばれています。「時間管理」という言葉を聞くと、「時間を節約するためのテクニック」を想像するかもしれませんが、それは時間管理の一面にすぎません。時間管理の本来の姿は「計画的に行動するための習慣」なんです。

時間管理を行うには、書いたり、見たりするためのものが必要です。本書では、それを「時間の地図」と呼びます。「時間の地図」で、いろいろな「やること」を1つにまとめてしまうと、頭もスッキリしますし、仕事もうまく進められるようになります。

そして、「計画を立てる」「見直す」「実行する」の習慣が、「時間の地図」を中心にして、うまくつながってきます。

ですから、時間管理では「地図をどう作り、どう使うか?」がとても重要なんです。

3つの習慣を「時間の地図」でつなぐと「計画的な行動」に

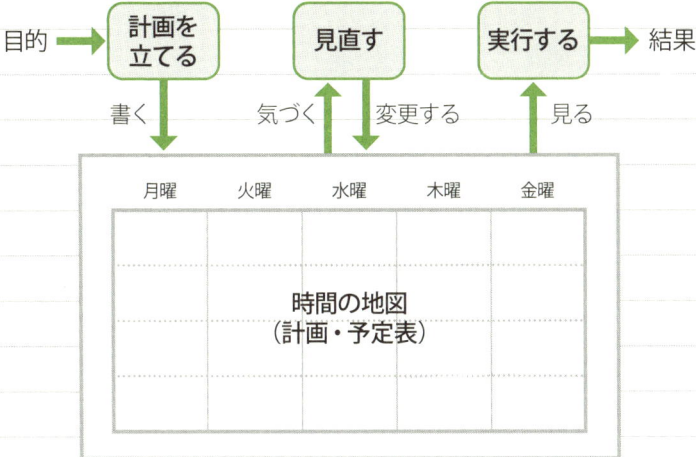

ワンポイント解説

時間の地図とは

本書でいう「時間の地図」とは、計画やスケジュールを書いたもののことです。これから自分が進んでいく方向を指し示すものなので、「地図」と呼んでいます。

詳しくはPart 2で説明しますが、普通の手帳やパソコンソフトを一工夫して使えば、「時間の地図」にすることができます。

Part 1 - 7

「時間の地図」を使いこなすための
縦と横の視点

クロスワードパズルの原則

　本書で紹介する「時間の地図」は、自分の計画を1つにまとめるためのものです。右の図のように、「何を」「いつ」やるかを、書き足していくことで時間の地図ができてきます。

　社会人になると、自分の仕事が1つだけという状況はほとんどありません。アサミやユウコのように、常に複数の仕事を抱えているのが普通です。ですから、「時間の地図」のなかにも、複数の仕事が重なる日がでてきます。これを上手に「見直す」ためには、時間の地図を縦と横の2つの視点で見るとうまくいきます。

　「2つの視点で見る」というのは、クロスワードパズルを解くときのように考えてください。クロスワードパズルでは、横方向にマスを埋めても、それが正しい答とは限りませんよね。同じ文字を縦方向にも見て、合っていれば、正しい答だと安心できます。

　「時間の地図」もこれと同じです。横の視点として、それぞれの仕事が「ちゃんと間に合うかどうか？」を考えることも必要ですし、縦の視点として、それぞれの日の仕事量を確認し、「時間が足りるか？」と考えることも必要です。この両方の視点が必要なのです。

　頭のなかだけで、このように考えるのは難しいのですが、「時間の地図」に書き込んでいけば、簡単にできます。そして、これが「見直す」習慣につながるのです。といっても、これだけでは具体的なやり方は、わかりませんよね。それは、次の Part 2 で説明していきましょう。

時間の地図は複数の仕事の流れを1つにまとめるもの

	月曜	火曜	水曜	木曜	金曜
		仕事A	仕事A	仕事A	
			仕事B	仕事B	仕事B
			仕事C		仕事D
	会議E	会議F		会議G	会議H

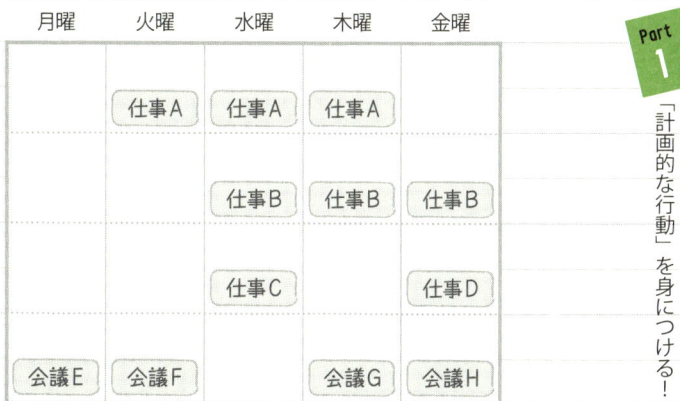

Part 1 「計画的な行動」を身につける！

時間の地図はクロスワードパズルのように2方向から見る

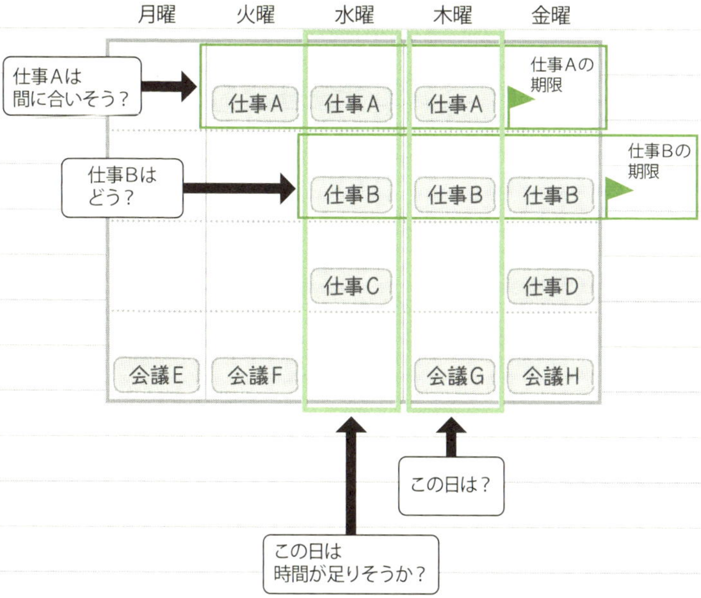

- 仕事Aは間に合いそう？
- 仕事Bはどう？
- この日は？
- この日は時間が足りそうか？

Part 1
まとめ

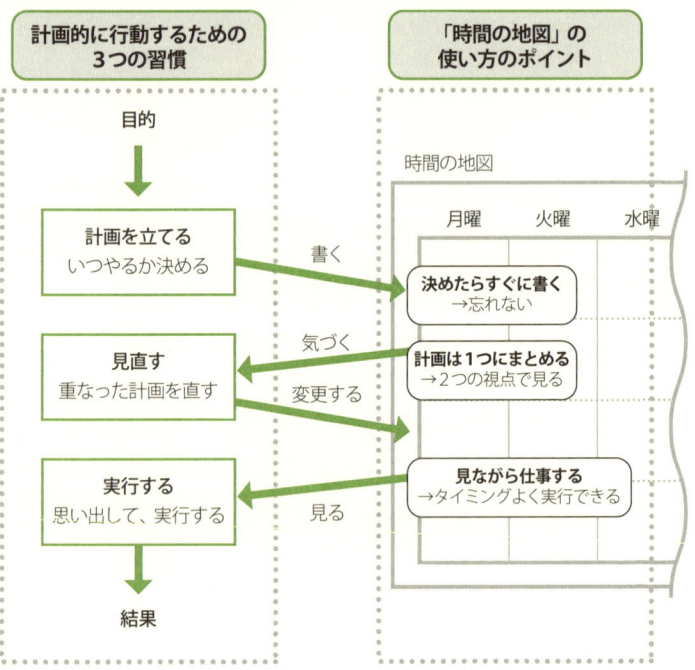

▶やろうと決めたことを「書く」
▶計画は1つにまとめておき、2つの視点で見る
▶計画を「見ながら」行動する

この簡単なポイントを確実に実行していくだけで、「計画を立てる」「見直す」「実行する」ことが、自然にできるようになります

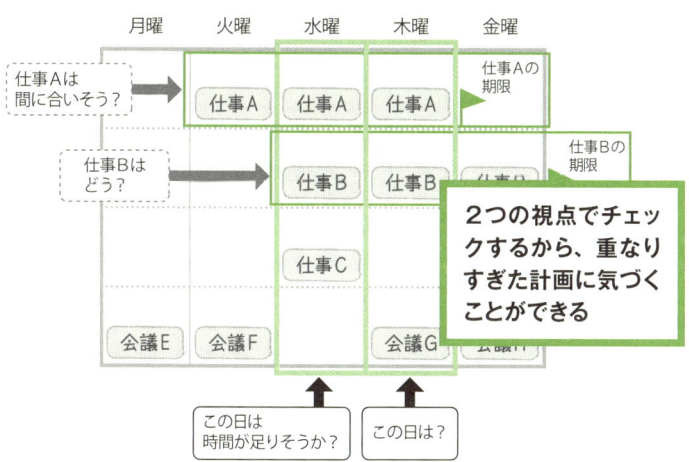

「時間の地図」に計画を1つ書き足すことや、今日の計画を見ることは1回10秒程度でできることです。ですから、その10秒を後回しにせずに「決めたらすぐに書く」、「手があいたらすぐ見る」を心がけてみてください。それが、無理なく習慣づけるための秘訣です。

column ①

仕事の優先順位の考え方

「時間管理」というと、「仕事の優先順位を考えること」と思っている人が多いのですが、実際には、時間管理のなかでは、仕事の優先順位付けは、あまり重視しなくて構いません。そもそも、仕事の優先順位を考える作業とは、限られた時間内のやることを選ぶ作業、つまり、時間が足りない状況に追い込まれたときに必要な作業です。時間管理の本来の目的は、そういう状況に追い込まれないように仕事を整理することですし、うまく管理できれば、優先順位に悩むことはほとんどありません（計画を「見直す」段階で、その判断は終わっているということです）。

そうはいっても突発的な仕事が発生したり、どうしても仕事が多くなりすぎるときには、「どちらの仕事を取るべきか？」という優先順位の判断をしなければいけない状況もないわけではありません。この判断を難しく考える人がいますが、実は結構シンプルなものです。

では、「何かを選ぶ」話として、「無人島に行かなければいけないとしたら、どの本を持っていくか？」という質問を例に考えてみましょう。

たとえば、図書館にある膨大な本のなかから、好きなものを10冊持っていっていい、ということになったら、選ぶのは大変です。そんな場合には、まず、全体をAランク、Bランク…のように大きく分類し、さらにAランクのなかから、10冊を選ぶやり方が適しています。絶対評価（ランク付け）から始める方法です。

次に、別のパターンとして、自分が持っている11冊の本から10冊

選ぶ場合を考えてみると、話はだいぶ違ってきます。11冊のなかのお気に入りの何冊かは、すぐに選ばれるでしょうから、残った数冊のなかから、「どの1冊を外すか？」と考えることになります。これは相対評価（本どうしを比較する）です。

そして、人はそもそもAランク、Bランクのような、絶対的な評価は、苦手としているものです。たとえば、必要な本をABCの3つのランクに分けるとすると、最初から最後まで基準を同じにするのは難しいことです（最初のBより、最後のCのほうが重要だという逆転が起こったりします）。逆に、人は、相対的な評価は得意です。たとえば、ある2冊の本についての「どちらが面白いか？」という判断は、時間をおいても、逆転することはあまりありません。

では、話を時間管理に戻します。時間管理について書かれた本のなかには、仕事の優先順位のつけ方として、前者のやり方（仕事をAランク・Bランク…に分けて判断する）でやるように書いてあるものが結構多いです。しかし、実際には後者のやり方（「どれを外すか？」と考える）のほうが素早く判断できるのです。

事前に計画して行動していれば、持ち時間の何倍もの仕事があふれることは、まずありません。ですから、どれか1つか2つを外す（中止するか、先送りにする）判断ができれば、タスクにランク付けをする必要はありません。優先順位については、「どれを外すか？」とシンプルに考えるだけで充分なのです。

Part 2

「時間の地図」で計画を実行する

Part 2
1 計画には2種類ある

時間が決まった予定：アポイント

　Part 1で紹介した「時間の地図」に書き込むものは、2つあります。どちらも、「自分の時間を使って何かやる」という計画ですが、性質が少し違います。

　その1つは、会議や打合せのような、時間が決まっている計画です。学校でやることにたとえるなら、授業と同じです。これには、時間が決まっているという特徴があります。

　こういう予定のことは、「アポイントメント（appointment）」といいますが、一般的に「アポイント」と省略されることが多いですから、本書でもそう呼ぶことにしましょう。このアポイントを書いて、実行することは、一般的に「スケジュール管理」と呼ばれています。これは、あなたもすでに実行しているかもしれませんね。

時間が決まっていない計画：タスク

　もう1つは、自分で時間を決められる計画です。たとえば、書類を作ったり、メールを送受信するなどの自分ひとりでやる作業です。学校でいうなら、宿題ですね。期限はありますが、実際にいつやるかは自由です。

　こういう予定は「タスク（task）」と呼ばれることが多いので、本書でもそう呼ぶことにします。このタスクは、アポイントと同時には実行できません。アポイントのない、空いている時間を使って実行していくことになります。

時間の地図に書き込む、2つの仕事

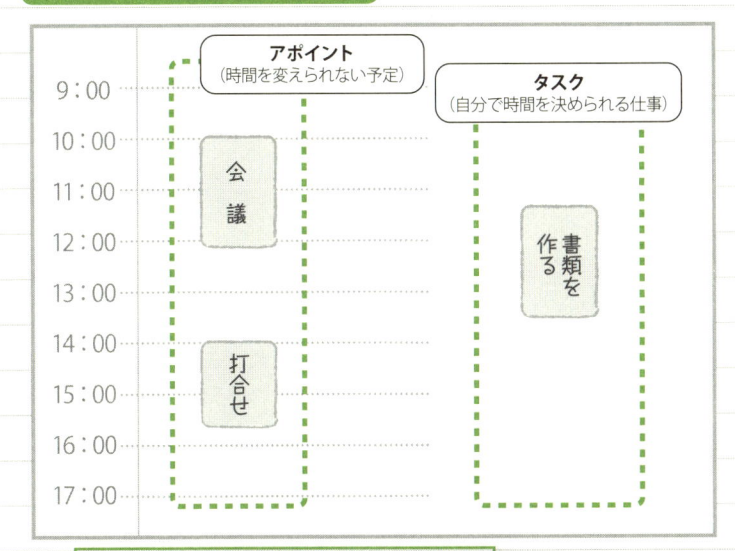

9:00		**アポイント**（時間を変えられない予定）	**タスク**（自分で時間を決められる仕事）
10:00			
11:00		会議	
12:00			書類を作る
13:00			
14:00		打合せ	
15:00			
16:00			
17:00			

アポイント（appointment）の特徴

時間厳守（授業と同じ）
同じ時間に2つのアポイントは入れられない

タスク（task）の特徴

時間は自由（宿題と同じ）
アポイントのない、空いている時間に実行する

ワンポイント解説

アポイントよりもタスクの影響が大きい

　時間管理と聞くと、「アポイントのために時間を管理すること」という印象があるかもしれません。しかし、多くの人は、アポイントに使う時間よりも、タスクに使う時間のほうが長くなっています。ですから、タスクを管理することは、とても大事なことなんですよ。

Part 2 — 2

１つの地図にまとめる理由

２つの欄を作る

　先ほどのアポイントとタスクを１つにまとめたものが、「時間の地図」の基本形です。なぜ、これらを１つにまとめるのか、その理由をまず説明しておきましょう。

　アポイントとタスクは、どちらも自分の時間を使うという意味では同じものです。ですから、アポイントが多い日にはタスクはあまり入りませんし、その逆もあります。これを別々に計画してしまうと、それぞれの日に、どれだけの仕事量があるかが、はっきりわかりません。すると、無理な計画を立てていても、気がつかないことがあるのです。

　無理な計画にならないためには、計画を「見直す」ことが必要でしたよね。それを簡単にできるようにするために、アポイントとタスクを１つにまとめておくんです。

　ただし、アポイントは時間が決まっているので、時間の目盛りの上に書き、タスクはそれとは分けて書きます（日付ごとに書きます）。こうしておくと、時間を変えられないアポイントと、時間を選べるタスクを混同することがありません。

　計画は、一度立てたら終わりというものではありません。あとから追加の計画が生まれてくることもあります。そして、場合によっては、タスクの実行日を変えることもあります。アポイントの時間は変えられないので、タスクで調整するというわけです。

時間の地図にアポイントとタスクを書く

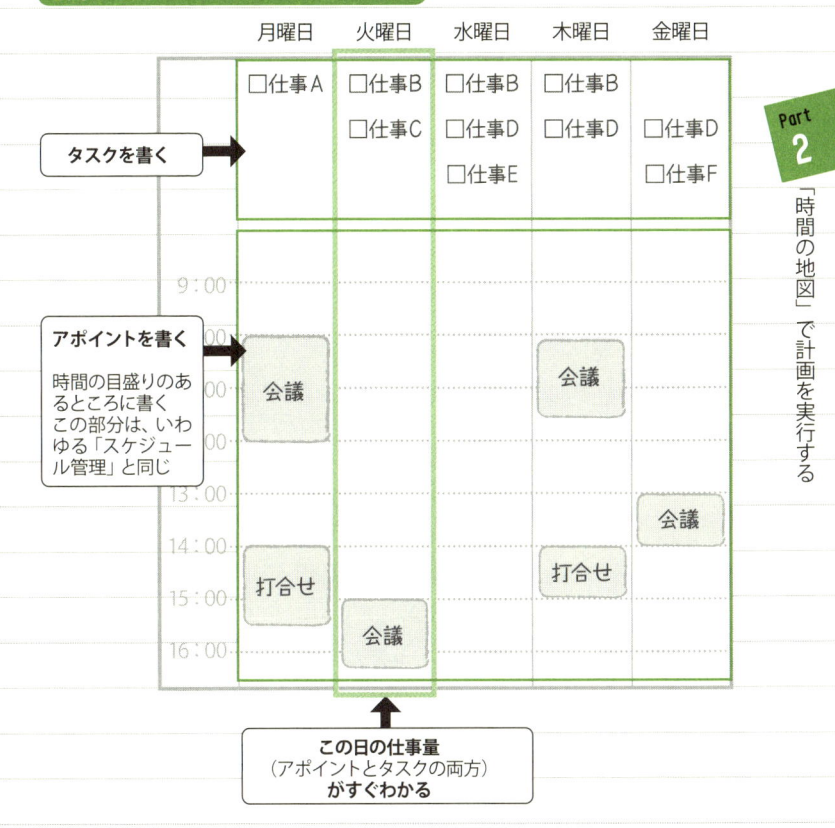

	月曜日	火曜日	水曜日	木曜日	金曜日
タスクを書く	□仕事A	□仕事B □仕事C	□仕事B □仕事D □仕事E	□仕事B □仕事D	□仕事D □仕事F

アポイントを書く
時間の目盛りのあるところに書く
この部分は、いわゆる「スケジュール管理」と同じ

- 9:00
- 会議(月)
- 会議(木)
- 13:00
- 会議(金)
- 14:00
- 打合せ(月)
- 打合せ(木)
- 15:00
- 会議(火)
- 16:00

この日の仕事量
（アポイントとタスクの両方）
がすぐわかる

Part 2 「時間の地図」で計画を実行する

　このように、アポイントとタスクを1つにまとめておくと、「計画を立てる」「見直す」「実行する」のどの段階でも、見るのはこの「時間の地図」だけです。書くのも便利ですし、見落とすこともなくなるというわけです。

＊手帳でもパソコンでも、「時間の地図」の考え方は基本的に同じです。アポイントとタスクの両方を、1つにまとめて書けるようにします。

Part 2
3 「いつ終わるか」も考えて
アポイントを書く

アポイントは
「その場で確認して」「すぐに」書く

　次に、書き方について、まずは、アポイントから説明していきます。たとえば、会議や人と会う予定などが決まったら、それはすべて自分のアポイントになります。アポイントを決めるときに大事なことは、「ダブルブッキング」を起こさないこと、つまり、2つの予定が同じ時間に重ならないようにすることです。

　ダブルブッキングを起こさないためには、その時間が空いているのを確認してから、新しい予定を入れるようにします。新しい予定を入れるときには、その場で「時間の地図」を確認して、すぐに書く。この原則を守れば、心配はありません。

　「その場で確認して」「すぐに」書くことは、忘れないために、そして、ダブルブッキングを防ぐために大事な習慣です。「後で書けばいいや」と思ってしまうと、ついつい忘れてしまうものですから、気をつけてくださいね。

何時に始まり、
何時に終わるかわかるように

　アポイントは、右の図のように線を引いて書くと、「いつ始まり」「いつ終わる」か、わかりやすくなります。また、こうすると、タスクのために使える時間がわかりやすくなります。線を引いた部分がアポイント、空白の部分がタスクのための時間です。

アポイントを決めたら、書く

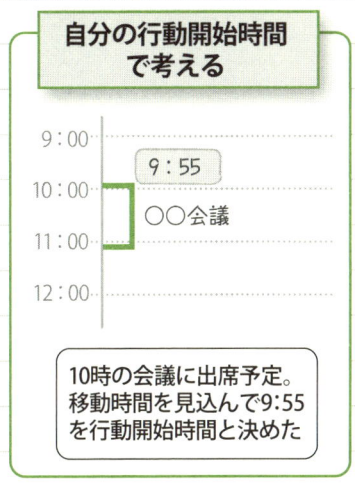

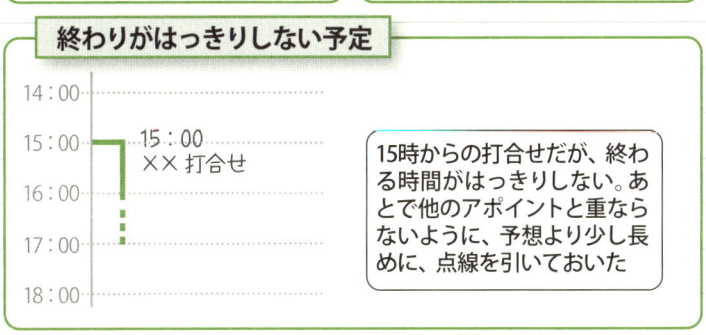

自分の行動開始時間で考える

```
9:00
         9:55
10:00  ┐
       │ ○○会議
11:00  ┘
12:00
```

10時の会議に出席予定。移動時間を見込んで9:55を行動開始時間と決めた

行動開始時間を逆算する

```
12:00
13:00  ┐ 13:15  移動
       │ 14:00
14:00  │ □□社
       │ △△打合せ
15:00  ┘
       移動
16:00
```

先方との約束は14時。移動時間を逆算して行動開始時間（席を立つ時間）を決めた

終わりがはっきりしない予定

```
14:00
       15:00
15:00 ┐ ××打合せ
      │
16:00 │
      ┆
17:00 ┆
18:00
```

15時からの打合せだが、終わる時間がはっきりしない。あとで他のアポイントと重ならないように、予想より少し長めに、点線を引いておいた

　このとき、アポイントの始まりの時間は、移動に必要な時間も含めて考えてください＊。また、終わる時間がどうしてもはっきりしない場合は、予想する終了時間より少し長めに点線を引いておきます。そうしておけば、うっかり他のアポイントを重ねてしまうことがありません。

＊電車の発車時間しか書いていなかったために、ついつい出遅れて駅まで走ることが多い人、特に要注意ですよ。

Part 2
4 「いつやるか」を考えて
タスクを書く

タスクも
「その場で」「すぐに」書く

　次は、タスクの書き方です。あなたは普段、タスク、つまり自分1人でやることの計画を書いているでしょうか？　私がいままでに出会った人の多くは、タスクを書いていなかったり、あちこちにバラバラにメモしていました。このタスクを1つにまとめて書くようにすることが、計画的に行動できるかどうかの違いを生むんです。

　レポートや書類を書く、誰かにメールや連絡をするなどの、時間が決まっていないものはすべてタスクです。そんなタスクを思いついたら、アポイントと同じように、「その場で」「すぐに」書くようにしてください*。

　タスクは、アポイントとは違い、ダブルブッキングになることはありません。しかし、「後で書こう」と思って先延ばしにすると、結局忘れてしまうことが多いのです。ですから、「その場で」「すぐに」書くことを習慣にしてください。書いてしまえば、頭でおぼえておく必要がなくなりますから、気分的にもスッキリします。

　タスクを思いつくのは、仕事をしているときが多いですから、仕事中は、タスクをいつでも書き込めるようにしておくのがポイントです。常に「時間の地図」を使えるようにしておけば、すぐに書き込めて便利ですし、書くことを習慣にしやすくなります。

＊そのタスクをその場ですぐに片付けてしまった場合は、書かなくても構いません（144ページ参照）。

「いつまでに」やればいいか確認して「いつ」やるか決める

　タスクは下の図のように日付別の欄に書き込みます。日付別といっても、タスクの期限の日付に書くのではありません。そのタスクを、いつやるか（いつやれるか）と考えて、実行する日付を決めるのです。

　このように、「いつまでにやればいい」と考えるのではなく、「いつやろうか」と考えるようにするのが、計画的に行動するためのポイントです。

タスクを決めたら、書く

月曜日	火曜日	水曜日	木曜日	金曜日
☐A資料作成	☐B報告書データ集め ☐C資料作成	☐B報告書作成 ☐Dプレゼン資料内容決める ☐○○さんにEの件問い合わせ	☐B報告書課長の承認もらう ☐Dプレゼン資料作成	

　タスクを書くときは、実行したことを表すチェックを入れられるように、チェックボックスを書いておくと便利です＊。

　また、複数の日にまたがって実行するタスクは、日付ごとにどこまでやるか決めておきます。タスクをあらかじめ「分解」しておくわけです。実際に、タスクをどうやって分解していくかは、Part3以降でくわしく説明していきます。

＊チェックボックスを書くかわりに、終わったタスクに線を引いて消す方法もあります。

Part 2
5 計画を見直して**実行力アップ！**

計画を見直すとは、詰め込みすぎをチェックすること

　このように、アポイントやタスクを書き込んでいくと、少しずつ、「時間の地図」ができてきます。でも、タスクやアポイントの詰め込みすぎがないように、計画を「見直す」ことも必要でしたね。

　「クロスワードパズルの原則」で「時間の地図」を縦に見ると、同じ日のアポイントとタスクを見ることができます。アポイントは線を引いた時間に実行し、タスクは線のない時間に行います。ですから、アポイントやタスクが少ないうちはいいとして、増えてきた場合には、次のチェックが必要です。

　たとえば、その日に計画しているタスクが2つあり、それぞれが2時間くらいかかりそうだとします。この場合、線のない時間が4時間以上あれば、その日に終わると予想できます[*]。

　もし、ここに新しいタスクを書き加える場合は、タスクに必要な時間が増えます。それでも線のない時間に収まればいいですし、もし、無理そうなら、そのタスクはあきらめるか、別の日に持っていきます。

　また、新しいアポイントを追加する場合は、線のない時間が減ります。それでもその日のタスクが収まればいいですが、無理な場合は、タスクのどれかを別の日に移すか、そのアポイントをあきらめなければい

---

[*] これ以外に、タスクとして書いていない日常的な仕事もありますし、当日に発生してその場で片付ける仕事もあると思います。普段、こういう仕事に使う時間が長い場合には、その時間も見込んでおかなければいけません。

実行できる計画にする

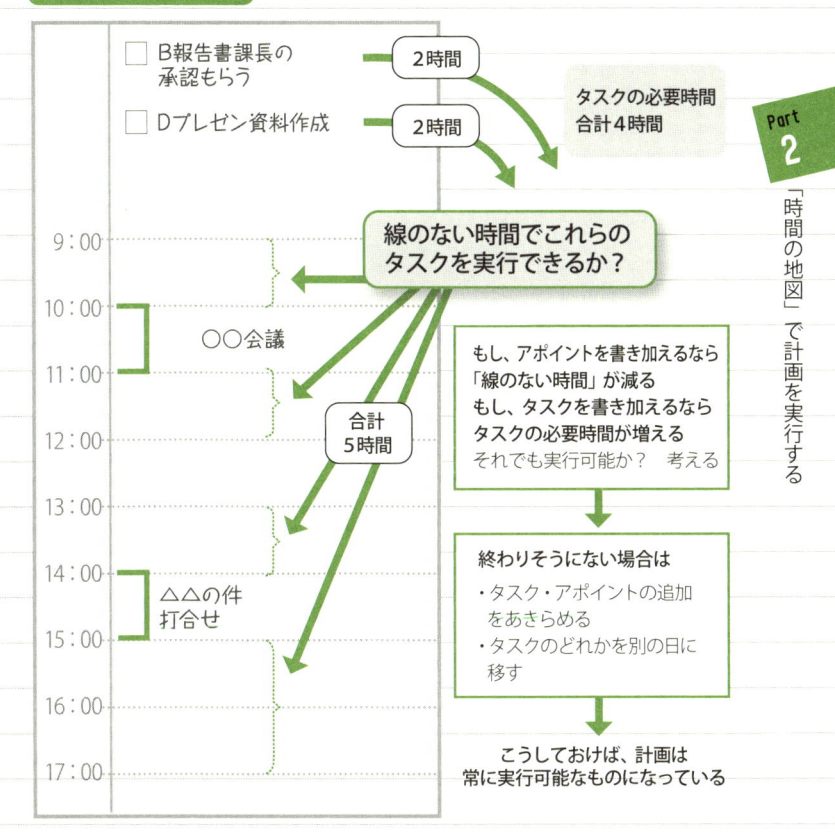

```
         □ B報告書課長の         2時間
           承認もらう                          タスクの必要時間
         □ Dプレゼン資料作成      2時間         合計4時間

 9:00
                                 線のない時間でこれらの
                                 タスクを実行できるか？
10:00
         ○○会議                                  もし、アポイントを書き加えるなら
11:00                                            「線のない時間」が減る
                                 合計              もし、タスクを書き加えるなら
12:00                            5時間             タスクの必要時間が増える
                                                 それでも実行可能か？ 考える
13:00

14:00                                            終わりそうにない場合は
         △△の件                                  ・タスク・アポイントの追加
         打合せ                                     をあきらめる
15:00                                            ・タスクのどれかを別の日に
                                                   移す
16:00
                                                 こうしておけば、計画は
17:00                                            常に実行可能なものになっている
```

けません。

　このように、アポイントやタスクを書くときにチェックすることが、計画を「見直す」ということです。このチェックができていれば、計画は常に実行可能なものになります。

Part 2
6 たった**10秒見る**ことで
実行力が飛躍する

「見る」習慣づくりが
計画的な行動を引き出す

　このような「時間の地図」は「実行する」ことで、はじめて意味のあるものになります。ですから、せっかく立てた計画を、実行段階でつい忘れてしまうことのないようにしましょう。たとえば、「今日はこのタスクをやる」と事前に決めていたはずなのに、それ以外の仕事に手をつけてしまい、気がついたら時間がだいぶ過ぎていた。そんな経験は、あなたにもありませんか？

　たとえば、インターネットで調べものをしたりしていると、ついつい時間が過ぎてしまうこともあります。そういう予定外のことに時間を使いすぎないためには、「今日はなにをやればいいか」を思い出すきっかけとして「時間の地図」を見るといいのです。

　計画的に行動するには、事前に決めた地図のルートを外れないようにすること、つまり、何をやればいいか見失わないことが大事です。そのために、「時間の地図」を使ってください。

　「時間の地図」には、もちろん明日以降の予定も書かれていますが、それはひとまず置いておき、まずは、今日の仕事に集中します。そのためには、今日のアポイントやタスクを1日に何度も何度も見る、つまり、「見ながら仕事をする」くらいのほうがいいのです。Part 1でも説明しましたが、「見る」ことが、「実行する」ことにつながるんです。

「見る」習慣はこう作る

「見る」習慣をつくるためには、特に、朝の行動が大切です。まずは、「時間の地図」を開くこと。それを見やすい場所に置くこと。そして、「今日は何をやればいいか」を確認することを、毎朝の行動として1日の初めにやってしまいましょう。「見る」ことがうまく習慣になるかどうかは、この朝の行動にかかっているといってもいいくらいです。

いくつかあるタスクは、その日の仕事の流れを考えて、やりやすい順番で実行していって構いません。アポイントやタスクを1つ実行したら、また「時間の地図」を見て、次にやるべきことを確認します。

仕事を片付けていく順番は、人による好みもあります。簡単な仕事から片付けていったほうが調子が出る人もいますし、気になる仕事、難しい仕事を最初に片付けたい人もいます。どちらのやり方でも構いませんので、自分のやりやすいように実行していってください。

計画の「見直し」がちゃんとできていれば、その日のタスクが実行しきれないということは少ないはずですが、緊急の仕事が飛び込んできたりした場合には、予定していたタスクの実行日を変える必要が出てくるかもしれません。その場合には、どのタスクなら先送りしても大丈夫か考えて、実行日を変更します。

実行が終わったタスクは、完了したことがわかるようにチェックを入れます。こうしておくと、未完了のタスクが一目でわかりますから、やり残しを見落とさなくなります。

Part 2
7 「時間の地図」の例1・2

「時間の地図」の書き方の例1：手帳（バーティカルタイプ）

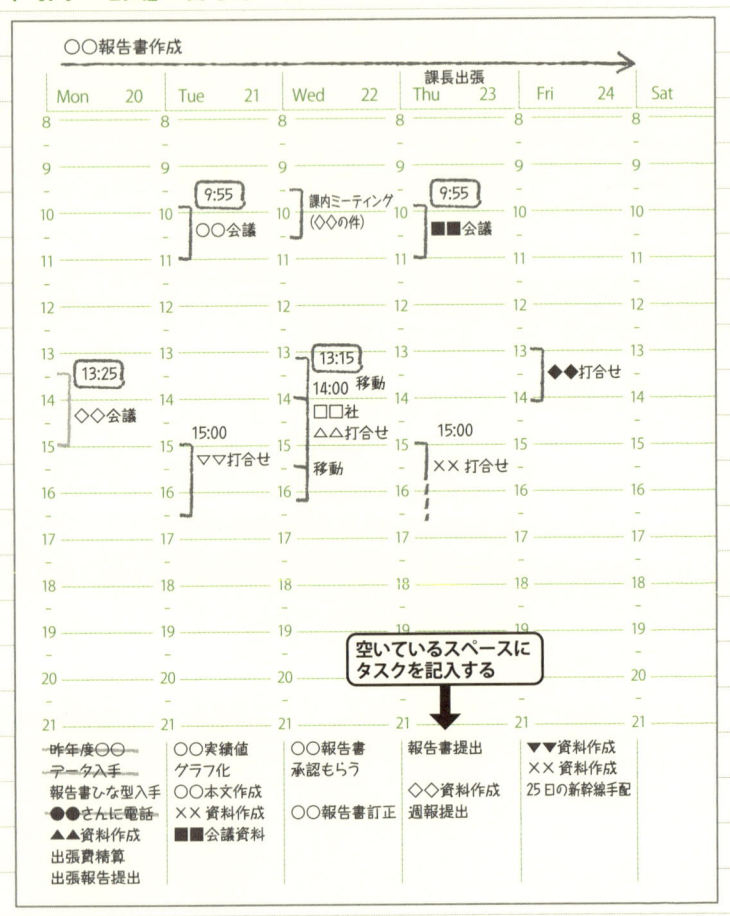

```
○○報告書作成 ────────────────────────────────→
                              課長出張
Mon  20   Tue  21   Wed  22   Thu  23   Fri  24   Sat
```

	Mon 20	Tue 21	Wed 22	Thu 23	Fri 24	Sat
10		[9:55] ○○会議	課内ミーティング（◇◇の件）	[9:55] ■会議		
13-15	[13:25] ◇◇会議	15:00 ▽▽打合せ	[13:15] 14:00 移動 □□社 △△打合せ 移動	15:00 ××打合せ	[13:00] ◆◆打合せ	

昨年度○○データ入手	○○実績値グラフ化	○○報告書承認もらう	報告書提出	▼▼資料作成	
報告書ひな型入手	○○本文作成	○○報告書訂正	◇◇資料作成	××資料作成	
●●さんに電話	××資料作成		週報提出	25日の新幹線手配	
▲▲資料作成	■■会議資料				
出張費精算					
出張報告提出					

（矢印注記）空いているスペースにタスクを記入する

手帳の空きスペースを利用して、日付ごとのタスク欄を確保すると「時間の地図」として使うことができる

「時間の地図」の書き方の例2：手帳（レフトタイプ）

	10			
	20 月	13:25 ◇◇会議	☑ 昨年度○○データ入手 ☐ 報告書ひな型入手 ☑ ●●さんに電話	☐ ▲▲資料作成 ☐ 出張費精算 ☐ 出張報告提出
○○報告書作成	21 火	9:55 ○○会議　　15:00 ▽▽打合せ	☐ ○○グラフ作成 ☐ ○○本文決定 ☐ ○○報告書仕上げ	☐ ■■会議資料
	22 水	9:30 課内ミーティング（◇◇の件）　13:15 移動　□□社 △△打合せ	☐ 報告書承認もらう ☐ 報告書修正	
	23 木	課長出張　9:55 ■■会議　15:00 ××打合せ	☐ 報告書提出 ☐ ◇◇資料作成 ☐ 週報提出	
	24 金	13:00 ◆◆打合せ	☐ ▼▼資料作成 ☐ ××資料作成 ☐ 25日の新幹線手配	
	25 土			
	26 日			

→ メモ欄にタスクを記入する

コンパクトな手帳に多い「レフト式」の場合、メモ用のスペースを利用してタスクを書き込むことができる

Part 2 「時間の地図」で計画を実行する

Part 2
8 「時間の地図」の例3・4

「時間の地図」の書き方の例3：手帳（バーティカルタイプ）

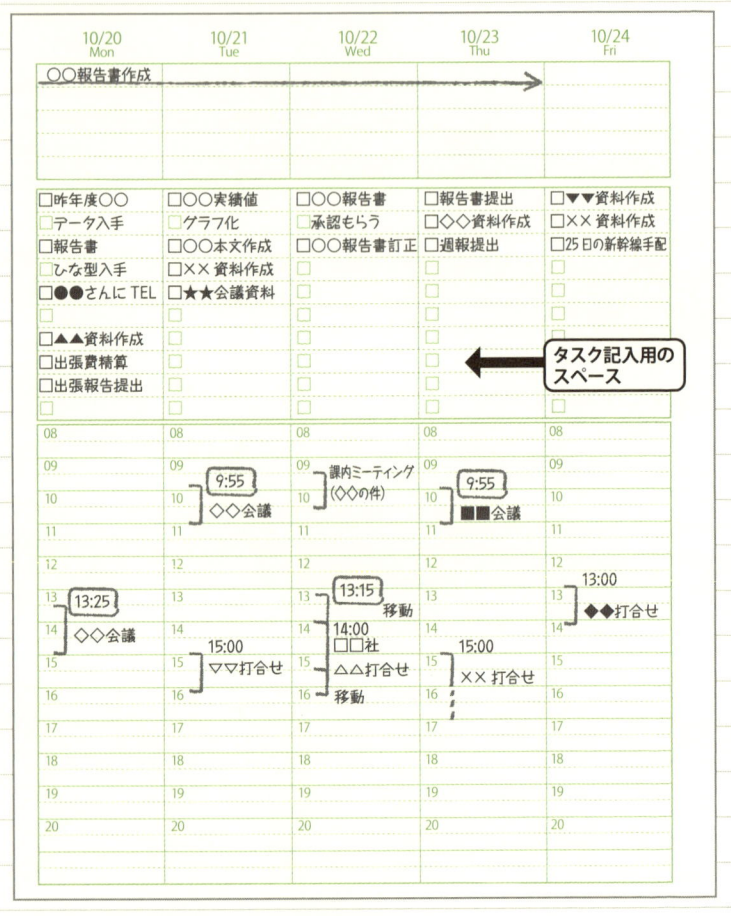

	10/20 Mon	10/21 Tue	10/22 Wed	10/23 Thu	10/24 Fri
	○○報告書作成 ━━━━━━━━━━━━━━━━━━━━━━━━━━━━━━━━▶				
	□昨年度○○ □データ入手 □報告書 □ひな型入手 □●●さんにTEL □ □▲▲資料作成 □出張費精算 □出張報告提出 □	□○○実績値 □グラフ化 □○○本文作成 □××資料作成 □★★会議資料 □ □ □ □ □	□○○報告書 □承認もらう □○○報告書訂正 □ □ □ □ □ □ □	□報告書提出 □○○資料作成 □週報提出 □ □ □ □ □ □ □	□▼▼資料作成 □××資料作成 □25日の新幹線手配 □ □ □ □ □ □ □

タスク記入用のスペース

時刻	10/20	10/21	10/22	10/23	10/24
08					
09			課内ミーティング（◇◇の件）		
10		9:55 ◇◇会議		9:55 ■■会議	
11					
12					
13	13:25 ◇◇会議		13:15 移動		13:00 ◆◆打合せ
14		15:00 ▽▽打合せ	14:00 □□社 △△打合せ	15:00 ××打合せ	
15					
16			移動		
17					
18					
19					
20					

こちらは筆者が使用している手帳の例
（214ページ記載のURLからダウンロードできます）

「時間の地図」の書き方の例4：パソコン(Microsoft Outlook 2007)

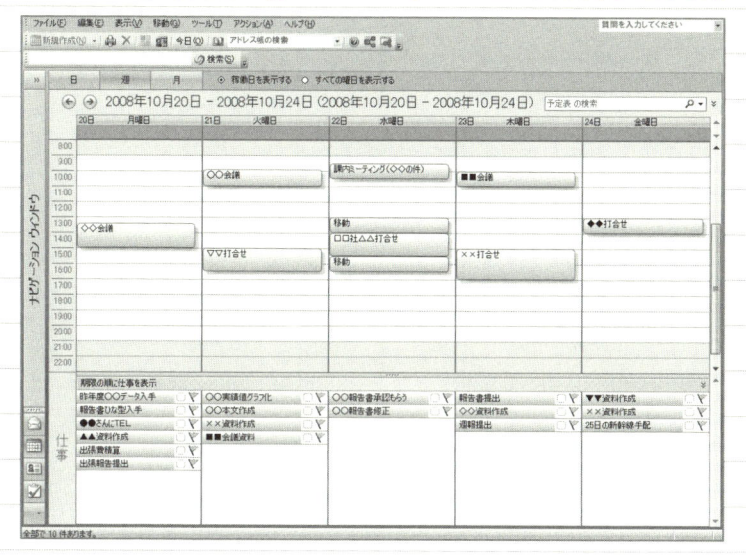

スケジュール管理ソフトにも、日付別タスクをインプットできるものがある

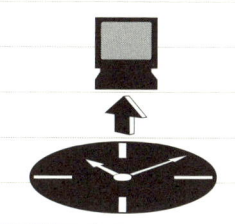

Part 2 まとめ

時間の地図を使って「3つの習慣」を実行する

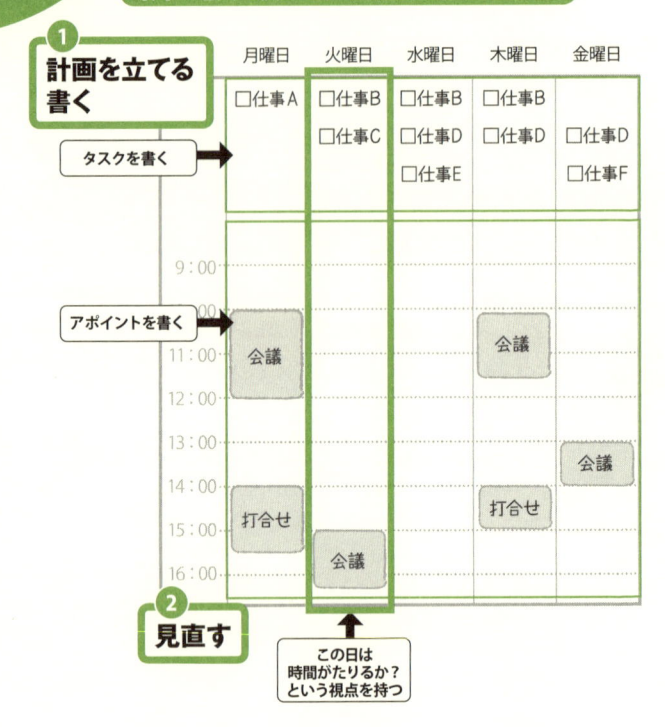

① 計画を立てる 書く

	月曜日	火曜日	水曜日	木曜日	金曜日
タスクを書く →	□仕事A	□仕事B	□仕事B	□仕事B	□仕事D
		□仕事C	□仕事D	□仕事D	□仕事F
			□仕事E		

9:00

アポイントを書く →
- 月曜 11:00 会議
- 木曜 11:00 会議
- 金曜 13:00 会議
- 月曜 14:00-15:00 打合せ
- 木曜 14:00-15:00 打合せ
- 火曜 16:00 会議

② 見直す

この日は時間がたりるか？という視点を持つ

アポイント (appointment) の特徴
* 時間厳守（授業と同じ）
* 同じ時間に2つのアポイントは入れられない

アポイントを書くときのポイント
* 予定が空いているのを確認してから、新しい予定を入れる
* 移動に必要な時間も含めて考える
* 予定の入った時間には、始まりから終わりまで線を引く
* その場ですぐ書く

タスク (task) の特徴
* 時間は自由（宿題と同じ）
* アポイントのない、空いている時間に実行する

タスクを書くときのポイント
* いつやるか（いつやれるか）と考えて、実行する日付を決める
* その実行する日付に書く
* チェックボックスを書いて、完了したがどうかがわかるようにする
* その場ですぐに書く

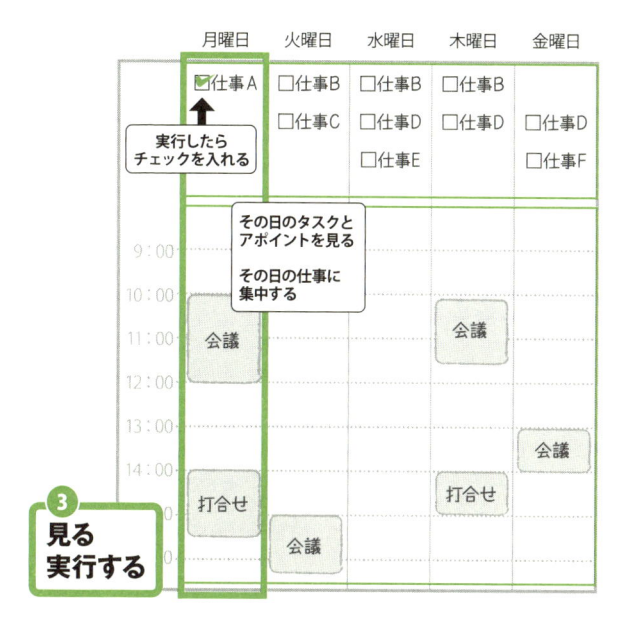

Part 2 「時間の地図」で計画を実行する

	月曜日	火曜日	水曜日	木曜日	金曜日
	☑仕事A	□仕事B	□仕事B	□仕事B	
		□仕事C	□仕事D	□仕事D	□仕事D
			□仕事E		□仕事F

実行したらチェックを入れる

その日のタスクとアポイントを見る
その日の仕事に集中する

9:00
10:00
11:00 会議 / 会議
12:00
13:00
14:00 会議
打合せ / 打合せ
会議

③ 見る 実行する

詰め込みすぎの計画を作らないために

アポイントを書き加えるときは「線のない時間」が減ってもタスクが終わりそうか考える

タスクを書き加えるときは「線を引いていない時間」でこれらのタスクがすべて終わるかどうかを考える

終わりそうにない場合は

＊新しいタスクやアポイントの追加をあきらめる
または
＊タスクやアポイントのどれかを別の日に移す

column ②

時間管理では
大は小を兼ねない

　ここまで、時間管理の基本部分を紹介してきましたが、あなたは、どのように感じましたか？　意外に簡単だと思いませんか？　簡単すぎて拍子抜けしたかもしれませんね。

　しかし、簡単にやることが、とても大事なことなんです。

　タスク管理には、いろいろなやり方があります。たとえば、タスク管理用のリストを手帳に書いたり、パソコン上でもタスクリストを作ったり、そのタスクをメールで自分の携帯に送信したり、ポストイットに書いて目立つところに貼っておくのも、一種のタスク管理です。
　いろいろなやり方がありますから、そうした手法をたくさん使いこなしたほうが、よりうまく管理できると思っていた人もいると思います。
　ところが、それはなかなかうまくいきません。そんなふうにタスクの情報をあちこちに分散させてしまうと、管理する手間が増えますし、長続きしないんです。
　タスクの情報は、これから自分が時間を使う予定を表すものです。その情報をあちこちに分散させて置いておくことは、全体でどれだけ時間が必要なのか、見失うことになりがちなのです。
　たとえば、家計簿を3冊も4冊も同時に使い、あっちに書いたりこっちに書いたりしていると、どうなるでしょうか。今月いくら支出したのか、確認するのが大変ですよね。それと同じことです。
　また、タスクの情報を分散させていると、タスクのやり残しを確認

するにしても、あっちのリストを見てこっちのリストを見て、と手間がかかってしまいますし、落ち着きません。これも「時間不足感」の原因になってしまいます。

　また、忙しいときには見落としも出ますから、本当に時間が足りないときに、その事態に気付くのが遅れてしまうこともあります。

　ですから、アポイントやタスクの情報は、1つにまとめておき、シンプルに管理することが、とても重要なのです。

　この手法は「書く」「見る」という小さな習慣さえ身につけてしまえば、とても簡単に実行できます。タスクをちゃんと管理するタイプの時間管理の手法としては、世界一簡単な手法だといっても言い過ぎではないと思います（実際、私も数々の手法を調べましたが、これよりも簡単にできる手法は、いまだに見つかりません）。

　なにかを「やる」と決めたら、たった10秒間でいいので、時間を取って書くこと。
　1つの仕事が終わったら、10秒間でいいので、時間を取って見ること。

　この習慣が、とても大きな違いを生みます。ぜひ、あなたも試してみてください。

Part 3

たったこれだけのことで！

「段取り上手」になる！

Part 3
1 なぜ「段取り上手」になれないのか？

スケジュールは間に合うだろうか？
タクヤの不安

「もし、今回も徹夜になったら、全員に焼肉おごりだからね！」

そういわれているのは、映画研究部に所属する大学生のタクヤです。
タクヤは、今年の学園祭で上映する映画を監督します。実は去年も監督をしたのですが、撮影が予定通りに進まなかったので、上映前日まで編集やアフレコで大変でした。
「今年はそうならないように」と、みんなに釘をさされたわけです。

「ああ、いいよ！　今年は大丈夫に決まってるだろ」
といったものの…、一瞬、不安になるタクヤです。
「今年こそ、余裕を持ったスケジュールでいこう」
そう思うのですが、よく考えると、去年も最初は同じことを考えていたような気がします。

「ホントに、今年は大丈夫なのかなあ…」
焼肉の約束をしたのを、少し後悔しているタクヤです。

何からやればいいんだろう？
サオリの不安

「大事なイベントだから、しっかり頼むよ」

「任せてください！」
　そう答えたのは、入社4年目のサオリです。
　任されたのは、毎年恒例になっている展示会の準備。今年、先輩から引き継いだ仕事です。会場や展示スペースを決めたり、招待状の発送、備品の準備…それ以外にもやることはたくさんあります。
　去年は先輩の手伝いをしたので、何をやればいいかは大体わかっています。でも、段取り上手の先輩と同じようにできるか自信がありません。そう思うと、だんだんプレッシャーを感じてきました。
　とにかく、早めに準備していこうと思うのですが、やることがたくさんありすぎて、すでに頭の中はいっぱいです。

「本当に大丈夫かなあ…」
　と、先が思いやられるサオリでした。

　さて、この2人に、これから必要になるものはなんでしょうか？
　それが、「段取り」です。では、「段取り」とは何か、早速学んでいきましょう。

Part 3　「段取り上手」になる！

Part 3 - 2 そもそも「段取り」って何?

段取りとは?

「段取り」という言葉は、あなたも聞いたことがあると思います。でも、「具体的に何をするの?」と思う人もいるかもしれませんね。

「段取り」という言葉は、もともとは芝居の筋の運びのことだそうです。その言葉が、現在では仕事などの手順や準備のことを指すようになっています。「仕事は段取り八分」といわれるくらい、「段取り」は、仕事を効率よく進めるためにとても重要なものです。でも、なかなかわかりにくいものでもあります。

ところで、あなたはいつも段取りを意識して仕事をしているでしょうか? というのは、日常的な仕事や生活のなかでは、あまり段取りを意識しないことも多いからなんです。また、仕事の内容によっては、特に意識しなくても「段取り」ができていることもあります。

たとえば、ベテラン主婦が台所にいるところを想像してみてください。フライパンで炒めものをしながら、同時進行でスープの準備をしたり、電子レンジで下ごしらえをしたりしますよね。これらも立派な段取りです。私のように、普段あまり料理をしない人が台所に立つと、同じ料理を作るのにもモタモタしたり、時間がかかったりします。これが、段取りの差です。

慣れている仕事では、あまり意識することがないかもしれませんが、どんな仕事にも同じように段取りがありますし、あなたも、いつも段取りをしているのです。

特に段取りが必要な仕事

　一方、慣れていない仕事では、うまく段取りできないことが多くなります。段取りができないまま始めると、作業が始まってから足りないものに気づいたり、作業の順番を間違えたりします。その結果、同じことを2回やらなければいけなかったり、逆戻りすることになったりして、仕事が予定通りに進みません。こうならないためには、事前に段取りを考えて、書いておくことが必要です。

　特に、「期間の長い仕事」「手順が複雑な仕事」「あまり慣れていない仕事」に1つでも当てはまる場合は、面倒くさがらずに事前に段取りしておくべきです。面倒に思えても、そのほうが時間をムダにしなくてすむのです。

　どんな仕事も、うまく段取りできたほうが、スムーズに効率よく進みます。そして、時間をムダにしないですむようになります。その段取りのやり方は、次のページから説明していくとして、ここでは、段取りの効果について、もう少し説明しておきましょう。

　段取りを考える習慣が身につくと、仕事に対する感じ方も変わります。段取りができるようになると、催促される後追いの仕事よりも、自分から進めていく先取りの仕事が増えます。実は、このほうが気分もいいですし、疲れやストレスも少なくてすむんです。

　また、段取りを考えて仕事をする習慣には、新しい仕事を、より早く身につけられるようになるという効果もあります。

　段取りの力をつけて、効率よく、気分よく、ストレス少なく、いままでとは一味違った仕事をする。あなたもぜひそうなってください。

Part3
3 「段取り上手」は**分解上手**

大きな仕事のやり方

　仕事には、いろいろな長さのものがあります。一口に「仕事」といっても、そのなかには1、2時間で終わるアポイントもあれば、5分で終わってしまうタスクもあります。これらは、Part 1、Part 2で学んだように、日常の「時間の地図」のなかで、整理しながら実行していくことができます。

　しかし、数日から数週間といった、長い時間かかる仕事は困ります。たとえ全体の日程が決まっていても、日常のスケジュールのなかで、いつ、何をやればいいかが、はっきりしないのです。これでは「計画的な行動」はできません。

　段取りして仕事の手順を決めれば、こういう大きな仕事も日常のスケジュールに組み込めるようになります。

　「タスク」と呼ぶのは、長くても2、3時間まで。それよりも長い仕事や、タスクとアポイントが組み合わさった仕事は、すべて段取りしてしまったほうがいいと考えてください。段取りをすると、仕事の手順が明確になると同時に、仕事を自分のスケジュールに組み込みやすくなります。それが「計画的な行動」につながるのです。

　こういった、段取りが必要な大きな仕事のことを、本書では普通のタスクと区別するために、「アクティビティ」と呼ぶことにしましょう。

大きな仕事は、段取りしよう

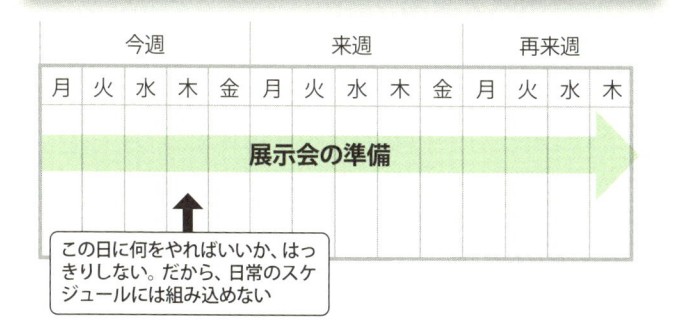

大きな仕事は、そのままではスケジュールに組み込めない

今週					来週					再来週			
月	火	水	木	金	月	火	水	木	金	月	火	水	木

展示会の準備

この日に何をやればいいか、はっきりしない。だから、日常のスケジュールには組み込めない

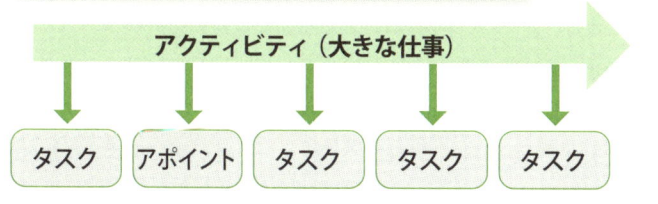

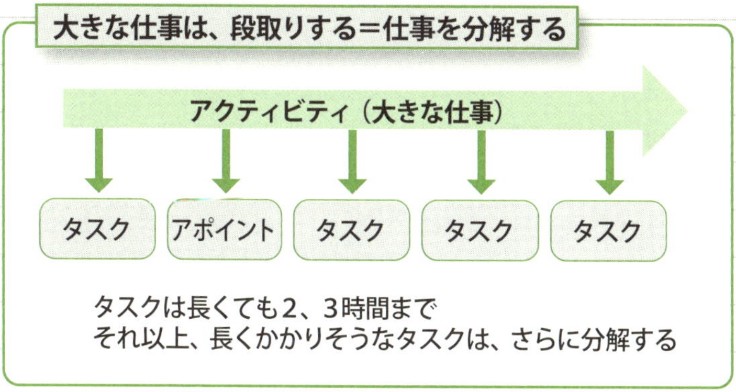

大きな仕事は、段取りする＝仕事を分解する

アクティビティ（大きな仕事）

↓ ↓ ↓ ↓ ↓

タスク　アポイント　タスク　タスク　タスク

タスクは長くても2、3時間まで
それ以上、長くかかりそうなタスクは、さらに分解する

Part 3
4 料理の手順を考えるように
段取りをする

段取りの方法は2つ

では、次に実際の段取りのやり方を見ていきましょう。

「アクティビティ」、つまり、すぐには終わらない仕事を段取りするとは、「アクティビティ」の目的を達成するための行動（タスクやアポイント）を、1つ1つ明確にしていくことです。

その方法は、2つあります。「料理型」と「買い物型」です。

「料理型」段取り法

たとえば、料理を作る場合の段取りを考えてみてください。作る料理が決まっている場合、段取りのゴールとは、その料理のことです。そして、ゴールに必要なものを逆算して考えるのが、段取りです。

たとえば、「魚料理」と「つけ合わせ」、「パスタ」ができあがるのがゴールだとすれば、その前には味付けの作業がありますし、もっと前にいけば、下ごしらえの段階までさかのぼることができます。こうやって、目的から逆算してさかのぼりながら、必要な作業を明確にしていくのが「料理型」段取り法です。「逆算式」段取り法ともいえますね。

ところで、なぜ、こんな段取りが必要になるのでしょうか？　たとえば、料理を作る場合には、こんな段取りをしなくても、レシピを見れば作り方がわかりますよね。

「料理型」段取り法

野菜を切る → ゆでる → 味付け → **つけあわせ**

魚の下ごしらえ → 焼く → 味付け → **魚料理**

材料を切る → 炒める → 味付け → 煮込む ↓
お湯をわかす → 塩を入れる → パスタをゆでる → ソースをからめる → **パスタ**

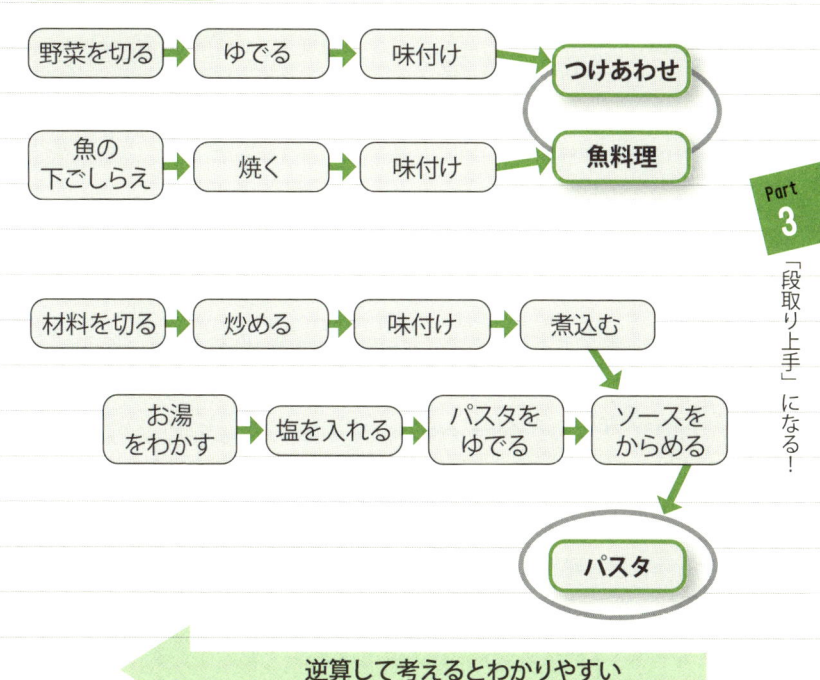

← 逆算して考えるとわかりやすい

　でも、仕事には、レシピがないことが多いんです＊。レシピがない仕事を計画的にやりとげるためには、自分でレシピを考えることが必要です。それが、この「段取り」なんです。

　では、次にもう1つの「買い物型」段取り法を説明しましょう。

＊仕事のなかには、業務マニュアルなどによって、段取りができあがっているものもあります。そういう場合は、自分で段取りを作らなくても構いません。ただし、どんな職場でも、マニュアルのない仕事は必ずありますから、段取りできるようになっておくことが重要なんです。

Part 3
5 買い物に行くように段取りをする

「買い物型」段取り法

　もう1つの「買い物型」段取り法というのは、逆算してイメージしにくい場合にも使える段取り法です。

　たとえば、「買い物に行く」というアクティビティがあると考えてみてください。買い物というアクティビティは、「買い物に行く」こと自体が目的ではなく、「必要なものを買う」ことが目的ですよね。しかし、「買い物に行く」というアクティビティから逆算して考えようとしても、何を買えばいいか、イメージしにくいですよね。

　この場合、買う必要のあるものをあらかじめリストアップしておくと、買うものがはっきりしてきます。また、リストを作るときには、あらかじめ、「食品」「台所用品」「お風呂」「トイレ」のように、項目別に分けておくと、考えやすくなります。

　これと同じように、やるべきことをリストアップするところから始めるのが、「買い物型」段取り法です。「リストアップ式」段取り法ともいえますね。

　では、なぜ、このように段取りすると、いいのでしょうか？　それには2つの理由があります。買い物の例で考えてみましょう。

　もし、リストを持たずに買い物にいくと、買わなければいけないものを買い忘れる場合があります。たとえば、家を出る前には、「電球が切れていたから買っておこう」と思っていたはずなのに、他の買い物をして

「買い物型」段取り法

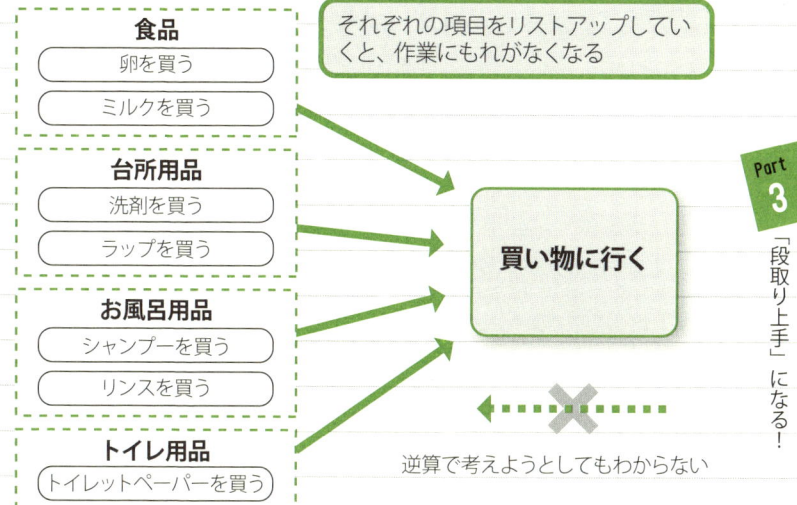

- **食品**
  - 卵を買う
  - ミルクを買う
- **台所用品**
  - 洗剤を買う
  - ラップを買う
- **お風呂用品**
  - シャンプーを買う
  - リンスを買う
- **トイレ用品**
  - トイレットペーパーを買う

→ 買い物に行く

それぞれの項目をリストアップしていくと、作業にもれがなくなる

逆算で考えようとしてもわからない

いるうちに忘れてしまう、そんなことって、ありますよね。

また、リストを持っていなければ、買うべきものを忘れたり、途中で思い出したりします。そうすると、一度通り過ぎた売り場に戻るので、売り場を行ったりきたりしてしまいます。これでは、買い物に時間がかかってしまいますよね。

やるべきことを事前にリストアップしておけば、やり忘れもないし、効率よく作業できる。だから、このようにリストアップして、段取りしておくことが、とても役に立つのです。

この2つの段取り法については、次のPart4でくわしく説明します。

Part 3
6 「段取り上手」な人が守っている**3つの条件**

段取り上手の3条件

　このような段取りは、うまい人もいれば、下手な人もいます。もし、あなたが段取りが苦手であっても、心配しないでください。段取りもPart 1の「計画的な行動」と同じで、「計画を立てる（書く）」「見直す」「（見て）実行する」という習慣によって、上手になるものです。

　その具体的なやり方は、次のPartで紹介していきますが、その前に、段取りをするときに気をつけたほうがいいポイントを紹介しておきます。先ほどの「料理型」にも「買い物型」にも共通する、段取りのポイント、それが、次の「段取り上手の3条件」です。

段取り上手の条件❶
：タスクやアポイントの計画と実行にもれがないこと

　料理でいえば、唐辛子というたった1つの材料が足りないだけでも、ペペロンチーノを作ることはできません。それと同じように、たった1つの「やること」が抜けただけで、段取りがすべて崩れてしまうこともあります。

　計画段階では、あせらずにタスクやアポイントにもれがないように書き出すこと。実行段階では、計画したことを確実に実行すること。この両面でもれがないようにします。

　「何をやるか？」を書き出すこと。書き出したものを確実に実行すること。これが、上手な段取りの秘訣の1つです。

段取り上手の条件❷
: タスクやアポイントの順番が適切であること

　パスタ料理のソースは、いつ作るのがいいでしょうか？　パスタがゆで上がってからソースを作り始めるのでは遅いですよね。ソースを作っている間に、パスタが冷めてしまいます。

　これと同じように、仕事の段取りでも、順番を間違えるとうまくいかないことがあります。ですから、段取りを考えるときには、「何をやるか?」だけでなく、「どんな順番でやるか?」も考えておいたほうが、よりうまく実行できるようになります。「順番」を考えるのも、上手な段取りの秘訣なのです。

段取り上手の条件❸
: 期限に間に合うように全体の計画を立てること

　パスタをゆでるためには、お湯がわくまでの時間と、パスタを入れてゆで上がるまでの時間は必ず必要です。ですから、お湯をわかし始めるタイミングが遅いと、あとからそれを取り返すことはできません。これと同じように、仕事の終盤になってから「期限に間に合わない」と気づいても、そこから打てる手は限られてしまいます。

　期限までに終わらせるためには、「それぞれのタスクやアポイントを、いつスタートするべきか」というタイミングを事前に考えておくことが、役に立ちます。これも、上手な段取りの秘訣です。

Part 3 まとめ

段取りが必要な仕事

次のような仕事は、特に段取りしてから実行したほうがよい

- **期間が長い仕事**
  長い仕事は分解しておかないと、日常のスケジュールに組み込めない

- **手順が複雑な仕事**
  手順が複雑な仕事は、段取りを書き出しておけば混乱しなくて済む

- **あまり慣れていない仕事**
  慣れていない仕事も、最初に段取りを書き出しておけば、楽に進められる

長い仕事は、段取りして、分解する

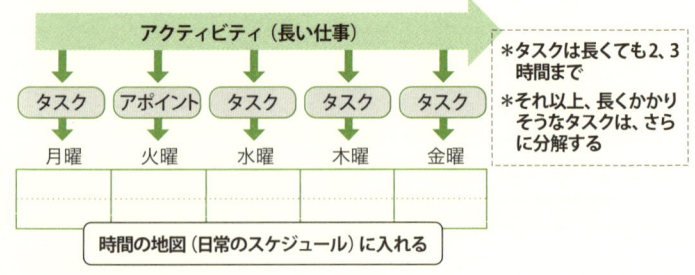

```
アクティビティ（長い仕事）
   ↓        ↓       ↓       ↓       ↓
 タスク   アポイント  タスク    タスク    タスク
   ↓        ↓       ↓       ↓       ↓
  月曜     火曜    水曜     木曜     金曜

     時間の地図（日常のスケジュール）に入れる
```

＊タスクは長くても2、3時間まで
＊それ以上、長くかかりそうなタスクは、さらに分解する

段取り上手の3条件

段取り上手の条件❶：タスクやアポイントの計画と実行にもれがないこと
材料が1つ足りなくても、料理が作れなくなることがある

段取り上手の条件❷：タスクやアポイントの順番が適切であること
順番を考えておかないと、あとで二度手間になったり、時間がかかりすぎたりすることもある

段取り上手の条件❸：期限に間に合うように全体の計画を立てること
仕事の終盤になってから、間に合わないことに気づいても遅い
それぞれのタスクやアポイントをいつやるべきか、事前に考えておく

2つの段取り法

段取りは、ゴールから逆算していく「料理型」と、必要なことをリストアップしていく「買い物型」の2通りの方法でやることができる

◆「料理型」段取り法（逆算式段取り法）

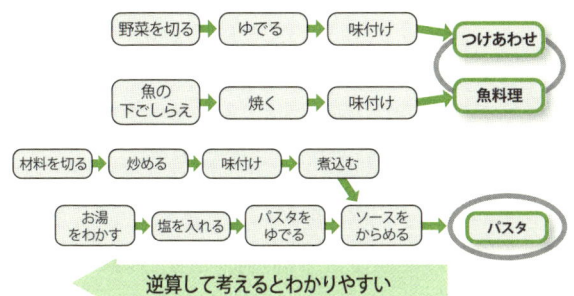

野菜を切る → ゆでる → 味付け → **つけあわせ**

魚の下ごしらえ → 焼く → 味付け → **魚料理**

材料を切る → 炒める → 味付け → 煮込む

お湯をわかす → 塩を入れる → パスタをゆでる → ソースをからめる → **パスタ**

逆算して考えるとわかりやすい

◆「買い物型」段取り法（リストアップ式段取り法）

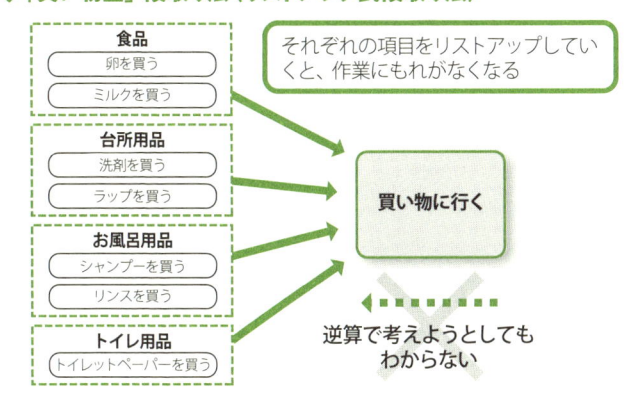

食品
- 卵を買う
- ミルクを買う

台所用品
- 洗剤を買う
- ラップを買う

お風呂用品
- シャンプーを買う
- リンスを買う

トイレ用品
- トイレットペーパーを買う

それぞれの項目をリストアップしていくと、作業にもれがなくなる

→ **買い物に行く**

逆算で考えようとしてもわからない

くわしくは、次のPart4で！

Part 3 「段取り上手」になる！

column 3

なぜ、「書くこと」が必要なのか?

「書くこと」が、どうしても必要な理由

　本書で紹介している時間管理の手法は、「書く」こと「見る」ことを基本にしています。しつこいくらいに「書く」「見る」ということが出てくるので、「チマチマ書くなんて面倒くさいなあ」と思った人もいるかもしれませんし、「書くだけで、そんなに変わるのかなあ？」と疑問に思った人もいるかもしれません。ですから、ここでは、なぜ、「書くこと」がそれ程大事なのか、補足しておきます。

　「書くこと」が私たちの時間の使い方を変えてくれるのは、おもに3つの理由によります。

「書く」「見る」のは記憶を補うため

　「書く」こと、「見る」ことが重要な理由の1つは、もうおわかりだと思いますが、「記憶」と関係しています。

　私たちは、せっかく何かを「やろう」と思いついても、他のことに気が取られてしまうと、簡単に忘れてしまいます。私たちの記憶は、思ったほど確実なものではないのです。

　たとえば、「何かを取りにいこう」と思って席を立ったのに、他のことを考えたり、他の人に話しかけられたりすると、何のために席を立ったのか忘れてしまうことって、たまにありますよね。私たちは、忘れないつもりでいても、他のことが思い浮かぶと、最初に思いついたことを、案外、簡単に忘れてしまうものなのです。

2つの記憶メカニズム

これは、私たちの記憶のメカニズムと関係があります。

私たちは、2つの記憶メカニズムを持っているといわれています。1つが「長期記憶」と呼ばれるもので、私たちが普通に「記憶」というときは、この長期記憶のことを指しています★。そして、もう1つが「短期記憶」と呼ばれるもので、電話をかけるために、一時的に電話番号を頭に入れたりするときに使う、その場限りの記憶です。計算など、頭のなかで物事を考えるときにも、この短期記憶を使います（その場合には「ワーキングメモリー：作動記憶」とも呼ばれます）。

この長期記憶と短期記憶は、まったく性質が違います。長期記憶は、とてもたくさんのことを記憶できますが、きっかけがないと思い出せません。いわば、引き出しにしまった書類のようなものです。たとえば、ある仕事をやらなければいけないと記憶していても、うっかり忘れてしまうことってありますよね。これは、引き出しに入ったままの書類を、出すのを忘れてしまっているようなものです。

もう1つの短期記憶は、いま、この場で考えていることです。この短期記憶は、あまり多くのことを記憶できないので、新しいことが入ってくると、それまで考えていたことを忘れてしまいます。さっきの「何のために席を立ったのか忘れてしまう」という例でも、短期記憶の不確かさがわかると思います。この短期記憶は、小さな机の上に載っている書類のようなものです。新しい書類を机の上に乗せると、それまでに乗っていた書類が押し出されて、落ちてしまうように、新しいことを考えると、それまで考えていたことは忘れてしまうのです。

★これ以外に「感覚記憶」と呼ばれる、視覚や聴覚に関連する記憶もありますが、これはほんの一瞬しか記憶できないものなので、ここでは考えないことにします。

「書くこと」は記憶の管理につながる

「書くこと」は、こういう人間の記憶のメカニズムを補う効果があります。たとえば、ある仕事をやらなければいけない、という情報は、長期記憶という引き出しに記憶されていますが、適切なタイミングでそれを思い出せるとは限りません。ですから、それを思い出すための「きっかけ」として、タスクやアポイントを書いておき、また、それを見ることが役に立つのです★。

逆に、そういう情報を書かないで、自分の行動を管理しようとすると、いつも「あれとあれをやらなければ」ということを、頭のなかで意識していなければいけません。そして、大事な仕事ほど、「忘れてはいけない」というプレッシャーが働きます。これは、短期記憶という机の上に、その仕事の情報がいすわっているようなものです。こうなると、目の前の仕事を実行するために使うべき短期記憶が、充分に使えません（作業するための机が狭くなっているようなものです）。ですから、無理してスケジュールを頭でおぼえておこうとすると、目の前の仕事に対する集中力を低下させてしまうことになるのです★★。

この本で紹介したような、アポイントやタスクの管理は、自分の仕事や時間を管理することであると同時に、ここで述べたような性質を持っている自分の記憶をうまく活用することにもつながります。

★ですから、タスクやアポイントを記入するときには、思い出すための必要かつ充分なキーワードだけを書いておくのが理想です。あとで見て思い出せないのも困りますが、あまり細かく書きすぎるのも、余分な手間がかかってしまいます。

★★これは「心配事があると、仕事が手につかなくなる」というのと似ています。こう考えると集中力が低下する感覚がわかりやすいのではないでしょうか。

そのためには、「こうしよう」と思いついたことが、短期記憶のなかにあるうちに書いておくこと（すぐ書くこと）が重要なんです。

　そして、記憶の管理という意味では、「見ること」も、とても重要です。私たちは、長期記憶という、大きな引き出しを持っていて、自分がやるべき仕事の内容は、その引き出しに記憶しています。しかし、その引き出しにタイミングよくアクセスすることができなければ、せっかく記憶していることも、うまく実行に移せません。この長期記憶にタイミングよくアクセスするためのきっかけを作るのが「時間の地図」です。

　ただし、「長期記憶にタイミングよくアクセスする」といっても、ちょうどいいタイミングに、「時間の地図」をサッと開いて見る、なんてことは、私たちにはできません。それを補うためには、「時間の地図」は、1日に何度も見るようにすること、できるだけ、「見ながら仕事をする」ようにすることが大事なんです。

　「時間の地図」を使えば、必要なことをタイミングよく実行することができるようになってきます。しかし、それはこの「見る」という習慣があってこそです。だから、「見る」という習慣も、とても大事なものなのです。

「書くこと」で「考える力」が上がる

「書くこと」が重要な理由の2つめは、「書くこと」が「考える」ために必要だからです。

私たちの短期記憶は、自分が思っているよりも小さなものです。短期記憶のなかでおぼえておける項目の数は、個人差もありますが、7つ（±2つ）程度だといわれています★。それがよくわかるのが、暗算と筆算の違いです。たとえば、足し算の場合、個人差もありますが、2桁や3桁くらいなら、暗算でできますよね。でも、珠算の経験がない人が、10桁もあるような足し算をしようとしても、普通はできません★★。でも、筆算でやれば、何桁の計算でも確実にできますよね。

自分のアポイントやタスクを考えるときも、これと似ています。たとえば、「今日やるべきことは何と何があるか？」ということを、すべて頭のなかに思い描こうとすると、結構大変です。仕事の数が7つも8つもあると、それを頭のなかに思い出すだけでも大変ですし、それ以上あると、最後のタスクを思い出したときには、最初のタスクを忘れていたりします。そして、さらに難しいのは、その仕事をやったあとに、どれだけの時間の余裕が残っているかという見込みを立てることです。これを頭のなかだけで考えるのは、ほとんど不可能に近いことです。

★ 1956年に、G.A.ミラーという心理学者が発表した「The Magical Number Seven, Plus or Minus Two」という有名な論文に書かれています。

★★ 珠算の経験がある人は、複雑な暗算をできる場合があります。これは、数字をソロバンの珠に置き換えて、少ない短期記憶を活用しているんです。

この「時間の余裕」を考えるのが、本書で解説した、計画を「見直す」という作業です。つまり、「書くこと」をしないで、頭のなかだけでスケジュールを考えると、「見直す」作業がうまくできないのです。ちゃんと「見直し」ができていない計画、つまり、「実行できない」計画を立ててしまうと、それを実行するためのやる気も出なくなってしまいます。ですから、書くことは計画を見直すことにつながり、計画を実行するためのやる気を引き出すことにも、つながるのです。

　そして、暗算と筆算には、もう1つ違いがあります。筆算の場合、計算の途中経過が紙の上に残っているので、計算を途中で止めて、再開することもできますし、あとで条件を変えて計算しなおすのも難しくありませんよね。スケジュールでも、同じことが起こります。

　たとえば、頭のなかでスケジュールを考えている最中に、話しかけられたりすると、考えていたことが飛んでしまいます。また、頭のなかで立てた計画に、新しくアポイントやタスクを追加しても大丈夫かどうかを確認するのも大変です。私たちの日常のスケジュールは、変更することもありますから、暗算で何度も考え直す作業は、結局ムダが多いことになってしまうのです。

　アポイントやタスクを「書く」ことは、自分の時間の余裕を知るという作業を、筆算のように確実にやるために必要なことなのです。別の言い方をすれば、「書く」ことは、自分のスケジュールを「忘れない」ためだけでなく、スケジュールを「考える」ために役に立つ作業なんですね。

「書くこと」は「意思決定」につながる

「書くこと」が重要な理由の3つめは、書くことが、私たちの意思決定につながるからです。「意思決定」というと、少し重たく感じるかもしれませんが、「書くこと」によって、その意思決定を自然にできるようになるのです。

新しいタスクが発生した場合、そのタスクには、「いつまでにやらなければいけない」という期限があることが多いですよね。こういう仕事の期限は、その仕事の結果を渡す相手の都合で決まることが多く、自分の都合で決めたものではありません。仕事が期限ギリギリになってばかりだと、この期限に振り回されてしまって、仕事がスムーズに進まないだけでなく、自分の行動が人の都合によってコントロールされているようなストレスを感じることもあります。こうならないためには、もともとの期限とは別に、自分の都合を考えて、仕事の実行日を決めておくことが大事です。

本文でも説明したように、私たちは、仕事が発生したときに、この「いつ実行するのが都合がいいか」ということを、ある程度イメージしているものです。しかし、そのイメージがあいまいであったり、せっかくイメージしても忘れてしまったりするので、結局、期限に振り回されてしまいがちになるのです。

「書くこと」には、この「いつやればいいか」というイメージを、明確な日付として確定する効果があります。日付ごとの欄にタスクを記入することは、「この日にやろう」という、意思決定につながります。たとえば、頭のなかで、「今週の真ん中あたりでやればいいや」と、

あいまいに考えていたことも、書こうとすれば、日付を決めることになります（決めないと書けないですよね）。ですから、書くことは、タスクの実行日を、あいまいなイメージから明確な日付に変えるという、意思決定をしているのと同じことなのです。

　このように、「書くこと」は、それぞれのタスクをいつやるかという、「意思決定」であり、それを「見ること」は、その意思決定の結果を再確認することなんです。

　この意思決定には、スケジュールを明確にする効果もありますが、それだけではありません。仕事に対する感じ方にも影響してくるんです。

　先ほど述べたように、仕事の期限に振り回されていると、自分の行動が人の都合によってコントロールされているストレスを感じることがあります。「仕事に追われる」「時間に追われる」という感覚です。一方、自分で決めた実行日をもとに仕事を進めると、仕事を自分でコントロールしている感覚が強くなり、「追われる」ストレスが減ってきますし、仕事へのやる気も上がってきます★。

　タスクを「書くこと」は、自分のスケジュールを「決める」習慣につながり、ストレスが減ったり、やる気が高まったりします。これが、「書くこと」が重要な3つめの理由なんです。

★また、書いたタスクの完了を確認し、達成感を感じることで、やる気が高まるという効果もあります。

Part 4

段取り力を
仕事に活かす

Part 4
1 逆算して段取りする

「料理型」段取り法は
逆算する段取り法

　Part 3で説明した2つの段取り法のうち、「料理型」段取り法は、完成品のイメージから逆算していける場合に使いやすい方法です。映画を作ろうとしているタクヤが、このケースです。

　目的とするのは、完成品の映画のフィルムです。その完成品を作るために必要な作業を逆算すると、直前の作業はアフレコ（セリフや効果音、音楽などを入れる作業）になります。アフレコの前には、編集が終了していなければいけません。ただし、それだけではなく、必要な音楽や、効果音を準備する必要があります。直前の作業は1つとは限らないんです。

　そして、編集の前には撮影があります。撮影の前には、シナリオや絵コンテ作り、ロケの準備、出演者のスケジュール調整などがあります。さらにさかのぼっていくと、プロット（あらすじ）作りや、出演者やロケ地の選定などがあります。

　「料理型」段取り法では、完成品の1つ前の段階、さらにその1つ前の段階と、逆算しながらやるべき作業を明確にしていきます。作業の前段階は2つ以上の作業に枝分かれする場合もありますし、そのなかには並行して進められるものもあります。こういう作業の流れは、右に示した「逆算段取り図」を描くとわかりやすくなります。

「料理型」段取り法：第1段階 —逆算段取り図の作成—

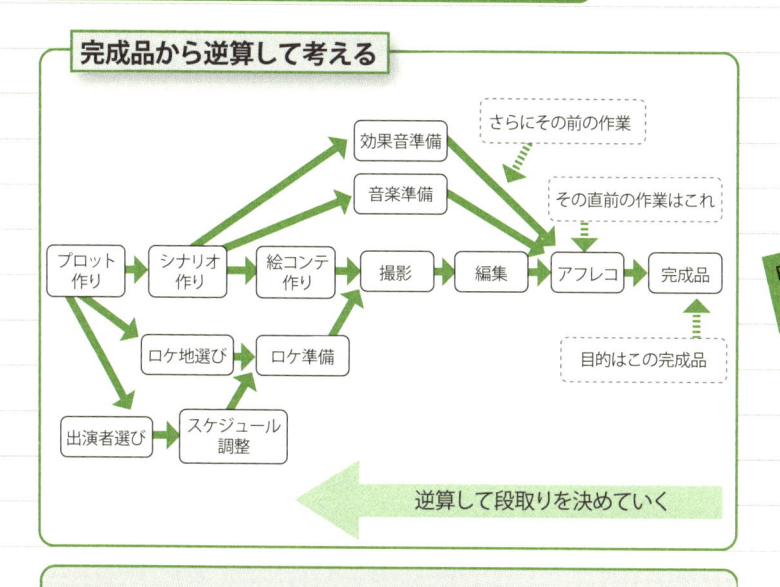

完成品から逆算して考える

```
プロット作り → シナリオ作り → 絵コンテ作り → 撮影 → 編集 → アフレコ → 完成品
              ↘         ↗ 効果音準備          ↗
                         音楽準備            ↗
              ↘ ロケ地選び → ロケ準備 ↗
   出演者選び → スケジュール調整
```

- さらにその前の作業
- その直前の作業はこれ
- 目的はこの完成品

← 逆算して段取りを決めていく

- 完成品を作るために必要な作業を明確にする
- その作業のさらに前段階で必要な作業を明確に
  ⋮

このくり返しで、どんな仕事でも個別の作業に分解することができる

Part 4　段取り力を仕事に活かす

　このように図にすると、各段階の作業にもれがないか（必要な作業が抜けていないか）確認しやすくなります。

　この段取りは、実際に行うときは逆算ではなく、初めから順番に進めていくことになります。ですから、頭から順番通りにたどってみて、無理な手順になっていないか、確実に目的が達成できそうかも確認しておくと安心です。

Part 4
2 逆算した段取りを自分のスケジュールへ

「料理型」段取り法で「3条件」をクリアするために

　前のページの「逆算段取り図」は、大規模なプロジェクト管理にも用いられています(「ネットワーク図」と呼ばれていて、描き方にはいくつかの手法があります)。

　ただし、これだけで段取り完了というわけではありません。「段取り上手の3条件」のうち、条件1(もれがないこと)と条件2(順番が適切であること)はいいですが、条件3の「期限に間に合う計画」が必要です。ですから、それぞれの作業に必要な期間とスケジュールを考えておきます。

　スケジュールを立てるためには、各タスクの所要期間を積み上げていく方法もあります。しかし、その方法だと細かい作業が必要になりますので、ここでは、大まかなスケジュールから詰めていく方法を紹介します。

　まずは、全体のスケジュールを考えるために、スケジュールをゴールから逆算します。たとえば、上映の3日前に完成品を仕上げるとして、アフレコに1日、編集に3日、撮影は10日間とすれば、遅くとも上映の17日前に撮影をスタートしなければ間に合わないことがわかります。こうして、大まかな日程を仮決めします。

　全体のスケジュールができたら、その中の大きな作業を細かく段取りしていきます。たとえば、「撮影」にもいろいろなシーンがあり、場所もいろいろあるはずです。思うような天候にならない場合の予備日程も必要かもしれません。それらをどう考慮して、どう撮影していくかの

段取りを作ります（ここで日数を変更する必要が出てきたら、全体の日程もそれに合わせて変更します）。

　最後に、出来上がったスケジュールの中のタスクやアポイントを、自分の「時間の地図」に組み込んでいきます。もし、ここで時間が足りないなどの問題があれば、元の段取りを見直します。こういう段取りによって、具体的で実行可能なスケジュールができてきます。

「料理型」段取り法：第2段階 ―自分のスケジュールに組み込む―

期限に間に合うスケジュールを考える

全体のスケジュール

絵コンテ作り（17日前）→ 撮影 → 編集（7日前）→ アフレコ（4日前）→ 上映日（3日前）
効果音準備／音楽準備

各作業をさらに段取り

このなかの大きな作業は、さらに段取りする
日程的に問題がないか、考える

作業期間が足りないなら、元の日程を見直す

自分のスケジュールに組み込む

自分の「時間の地図」に組み込む

自分のスケジュールとして無理があれば、元の日程を見直す

Part 4　段取り力を仕事に活かす

Part 4
3 リストアップして段取りする

「買い物型」段取り法はリストアップする段取り法

　もう1つの段取り法は、「買い物型」段取り法です。こちらは完成品に含まれるさまざまなことを、整理しながら段取りしていく方法です。サオリが任された展示会のようなイベントやサービスなどに、便利な方法です。

　展示会の準備では、いろいろなことを決めたり、手配したりしなければいけませんが、具体的に何をやるかは、いままでの経験や人に聞いたりすればわかります。まずはそれらをリストアップして、整理することから始めます。

　たとえば、「招待客」については、招待客リストを入手し、招待状を作り、発送するといったタスクがありますし、「会場」や「展示品」についてのタスクもあります。これらの項目別にやることを書き出してリストを作っていけば、「段取り上手の3条件」の条件1（もれがないこと）をクリアできます。もし、あとで追加のタスクが出てきたら、それもリストに書き加えます。

　リストを書くときのポイントは、Part 2の「タスク」と同じように具体的に書くことです。たとえば、「会場を予約する」という仕事は、「必要な広さを聞いておく」「候補の会場を選ぶ」「会場の空き日程を確認する」「上司と相談して会場を決める」「予約の手続きをする」と分割できます。こうしておくと、作業内容や必要な時間がイメージしやすくなります。

　そして、できあがった「段取りリスト」を見て、もれがないか確認して

ください。これで「買い物型」段取り法の第1段階は完了です。

「買い物型」段取り法:第1段階 ―段取りリストの作成―

展示会のためにやるべきことは…

会場の手配
展示品は？
運営スタッフは？

日程を決めなきゃ…
招待客に案内を出して…

> 1つずつ考えていると頭のなかが混乱してしまうので、書き出して整理する

段取りリストを作る

招待客	会場	展示品
招待客リストを入手する	必要な広さを確認する	各部署の展示希望品を確認
招待状・パンフレットの作成	候補の会場を選ぶ	展示希望品を集計する
招待状・パンフレットの発注	会場の空き状況を確認	展示品リストを作成
挨拶状の作成	課長に相談、会場を決める	リストを各部署に通知
発送	開催日・会場を社内に通知	会場内の配置を決める
受付リストの準備	会場の予約手続き	配置図を作成
⋮	⋮	⋮

ポイント
・聞いたもの、思いついたものはすべて書き出す
・追加するものが出てきたら書き足していく

Part 4 段取り力を仕事に活かす

Part 4
4 書き出した段取りを自分のスケジュールへ

「買い物型」段取り法で3条件をクリアする

前ページの「段取りリスト」も、プロジェクト管理に用いられています（「WBS（Work Breakdown Structure）」と呼ばれています）。大人数がかかわるプロジェクト管理では、この「段取りリスト」と、先ほどの「逆算段取り図」の両方が用いられますが、自分の仕事を管理する目的のためには、片方だけでも構いません*。

ただし、そのためには、条件2と3をクリアしなければいけません。それが「買い物型」段取り法の第2段階です。

まず、リストの中の項目で順序立てて実行すべきものは、その順番を考え、決めておきます。次に、それぞれの項目を自分のスケジュール（Part 2の「時間の地図」）に入れていきます。もちろん、実行しきれない計画を立てても意味がありませんから、スケジュールを詰め込みすぎないようにします（「クロスワードパズルの原則」を活かしてください）。

こうやって、タスクやアポイントを自分のスケジュールに組み込むことができて、それが日程的にも問題がなければ、段取りは完了です**。このまま自分のタスクとして、日常的な仕事と合わせて実行していけば、段取り通りに仕事をやり遂げることができます。もし、途中で追加すべ

---

*自分の仕事の場合、段取りの結果は「時間の地図」に組み込むことになります。最終的な管理はそのなかで行うので、片方だけでも構わないのです（94ページ参照）

**もし、ここで問題があれば、日程や内容を見直したり、人に手伝ってもらうことを考えなければいけません。

きことが出てきたら、それも自分のスケジュールに追加しながら進めていきます。

> 「買い物型」段取り法：第2段階 ―自分のスケジュールに組み込む―

段取りリストのなかの順番を考える

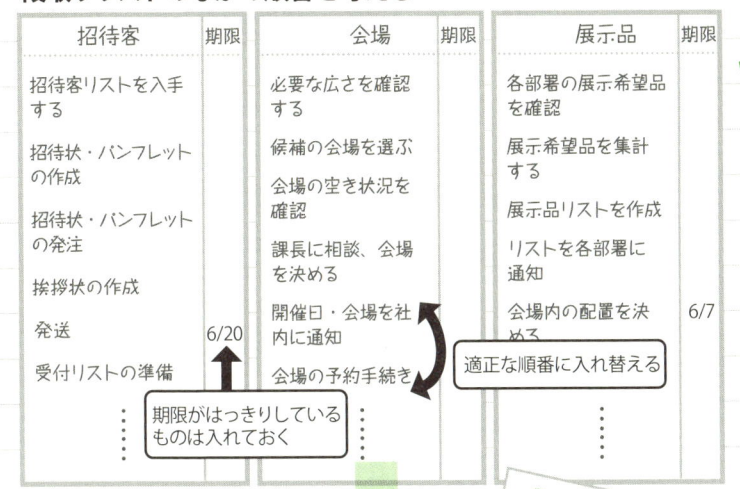

招待客	期限	会場	期限	展示品	期限
招待客リストを入手する		必要な広さを確認する		各部署の展示希望品を確認	
招待状・パンフレットの作成		候補の会場を選ぶ		展示希望品を集計する	
招待状・パンフレットの発注		会場の空き状況を確認		展示品リストを作成	
挨拶状の作成		課長に相談、会場を決める		リストを各部署に通知	
発送	6/20	開催日・会場を社内に通知		会場内の配置を決める	6/7
受付リストの準備		会場の予約手続き			

↑ 期限がはっきりしているものは入れておく

↻ 適正な順番に入れ替える

⬇

自分のスケジュールに組み込む

各タスク、アポイントの実行日を決めて、「時間の地図」に書き込む

> タスクやアポイントを詰め込みすぎて、実行できないスケジュールにしてしまわないように注意すること（「クロスワードパズルの原則」）

全体の日程としても、問題がなければ、段取り完了！

Part 4-5 日常の仕事も段取りで：
出張編

出張は段取りで

　日常的に行っている仕事のなかにも、「段取り」が有効なものがあります。たとえば、出張もその1つです。出張という仕事は、あらかじめ予定した時間に移動し、予定したアポイントを実行するものですが、それだけではありません。出張前には交通機関や宿泊の手配などの準備が必要ですし、帰ったら出張費の精算などの事後処理的なこともしなければいけません。こういったタスクも、出張という「アクティビティ」の一部です。

　あなたは、「出張旅費の精算なんて、空いた時間にやればいい」と思っていて、精算を忘れてしまったり、忘れたころに催促されたりしたことはありませんか？　あらかじめ段取りしておけば、そういう「うっかり」はなくなります。事前に段取りして、催促されない快感を味わってください。

出張を段取りする

　出張の段取りは、まずはその出張の目的であるアポイントから始まります。アポイントが決まったら、移動の手段を考え、逆算して移動時間を決めていきます。

　また、タスクとして、出張前に準備が必要なものや、出張後にやらなければいけない事後処理があります。これらは、「買い物型」段取り法のように、タスクを書いておきます。

出張の段取りを考える、書く

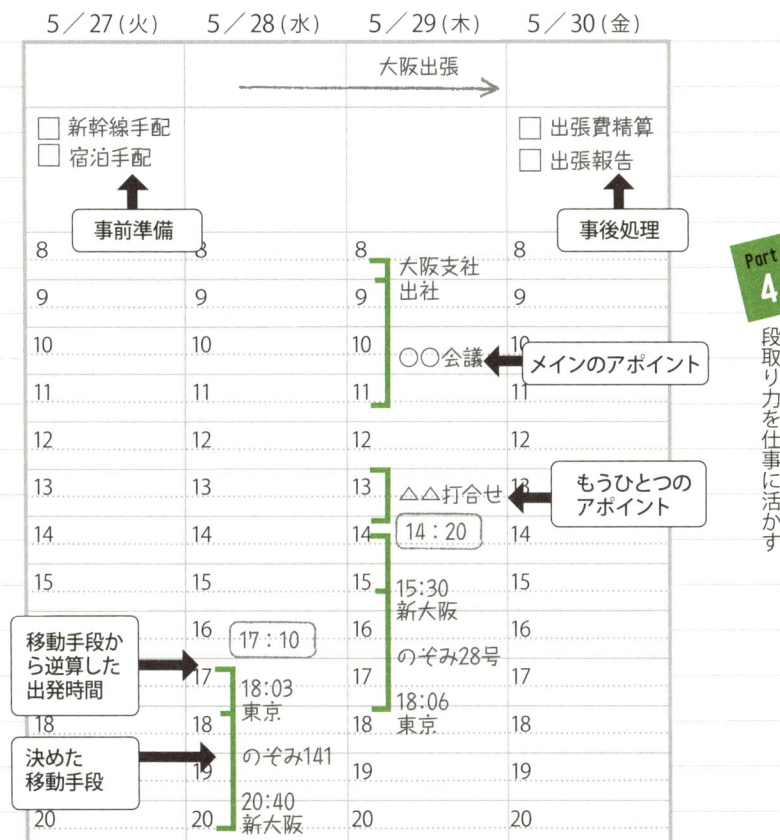

	5/27(火)	5/28(水)	5/29(木)	5/30(金)

大阪出張 →

5/27(火)
- □ 新幹線手配
- □ 宿泊手配

← 事前準備

5/30(金)
- □ 出張費精算
- □ 出張報告

← 事後処理

5/29(木)
- 8 大阪支社出社
- 10 ○○会議 ← メインのアポイント
- 13 △△打合せ ← もうひとつのアポイント
- 14:20
- 15:30 新大阪 のぞみ28号
- 18:06 東京

5/28(水)
- 17:10
- 18:03 東京
- のぞみ141
- 20:40 新大阪

移動手段から逆算した出発時間 →

決めた移動手段 →

上の図がその例です。この例は、自分の「時間の地図」に直接書き込みながら段取りを考えたものです。簡単ですが、これも立派な段取りの1つなのです。

Part 4-6 日常の仕事も段取りで：
報告書編

報告書を作るのも段取りで

　出張以外の仕事、たとえば、報告書を作るという仕事も事前の「段取り」が役に立ちます。事前に段取りしておけば、「期限ギリギリにあわてない余裕」を手に入れられますよ。

　この仕事では、「料理型」段取り法が便利です。

報告書作りを段取りする

　この仕事の目的は、「報告書」を提出することです。そして、提出の前の段階は、上司に承認をもらうことです。そこで、まず、上司の予定を確認しておき、もし修正を指示された場合に必要になる時間も考慮して、報告書を上司に見せるタイミングを決めます。

　次は、そこから逆算して、報告書を作る作業を考えます。報告書の作成は、いくつかの段階に分かれます。たとえば、データの下調べや、報告書のひな形（フォーマット）の入手、グラフを作成する作業、本文の内容を考える作業、報告書の形に仕上げる作業、といったものがあります＊。このように、具体的で、どのくらい時間がかかるかイメージしやすい「タスク」に分解していきます。

　それらのタスクは「時間の地図」に書き込んでおきます。ここまでできれば、提出日に間に合う日程ができていますし、それぞれの日の仕事量もわかります。これを見れば、他の仕事と並行しながらでも、報告書の仕事を計画的に進められるのです。

＊もちろん、報告書の内容によって、作業内容は違います。

報告書の段取りを考える、書く

6／14 月曜日	6／15 火曜日	6／16 水曜日	6／17 木曜日
○○報告書作成 →			課長出張
↑ 全体の流れ・日程			↑ 上司の予定も考慮する（上司の予定は事前にメモしておくとよい）
□ 昨年度データ入手 □ 報告書ひな型入手	□ グラフ作成 □ 本文の内容決定 □ 報告書仕上げ	□ 報告書承認もらう □ 報告書修正	□ 報告書提出
↑	↑	↑	↑
下準備	報告書完成	上司の承認 ＋ 修正作業	提出日

← 逆算して段取りを決めていく

Part 4　段取り力を仕事に活かす

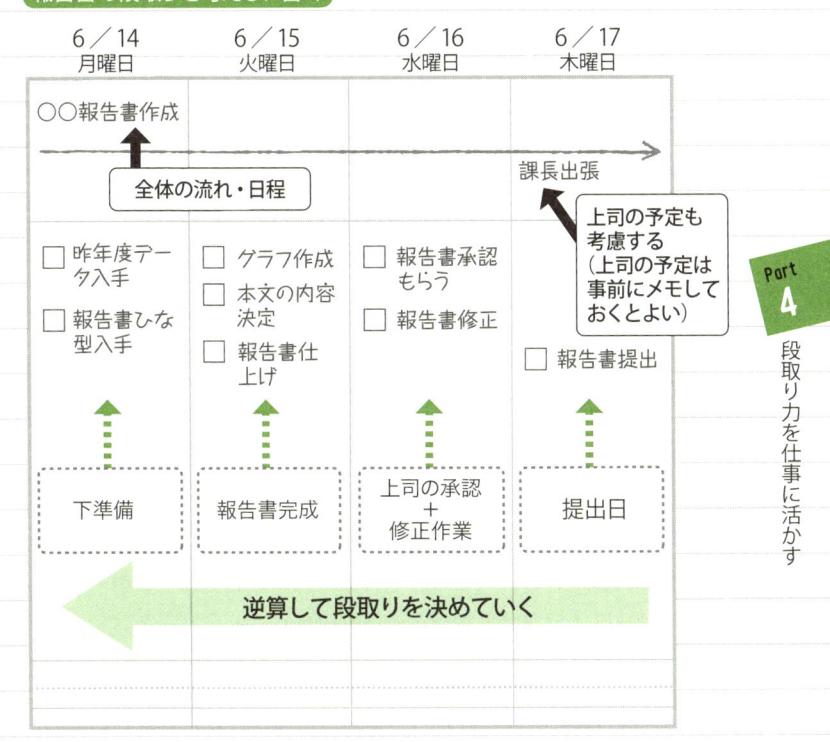

ワンポイント解説

「料理型」段取りが苦手な人は…

　たとえば、報告書を作る仕事の場合、一度、作業内容をメモしながら、報告書を作ってみてください。その書き出した作業内容のリストを使えば、次回からは「買い物型」で段取りができます（ただし、違う種類の報告書を作る場合には、リストに追加すべきものがないか、改めて確認してからスタートしてください）。

Part 4
7

段取りを実行するために、
一番大事なこと

「段取り」と「プロジェクト管理」の違い

　このPartで紹介した「料理型」と「買い物型」の段取り法は、どちらもプロジェクト管理で用いられる手法を簡略化したものです。1つのアクティビティに、「料理型」と「買い物型」を組み合わせて使っても構いませんし、どちらか1つだけでも構いません。使いやすいほうを手軽に活用してみてください。

「段取り」でいちばん大事なこと

　「段取り」には、とても大事なことがあります。それを外すと、どんな完璧な段取りも実行できなくなる場合があります。その大事なこととは、「段取り」と自分のスケジュールとを連携させることです。

　ほとんどの人は、1つのアクティビティに集中して仕事をする、というわけにはいきません。いろいろなアポイントやタスクと並行して、アクティビティも実行しなければいけないことが多いですよね。
　そして、人は目先のことに気を取られると、長期的なことを忘れてしまいがちなものです。つまり、他の仕事が忙しくなると、長期的なアクティビティの実行を忘れてしまうこともあるんです。
　ですから、段取りした結果は、自分のスケジュールに組み込む、つまり、「時間の地図」のなかに入れることが必要です。それができるまでは、いくら段取りが完璧にできていても、安心してはいけないのです。
　例にあげた出張や報告書のように、「時間の地図」に直接書きなが

ら段取りしてもいいですし、映画や展示会の例のように、先に図やリストを作ってから「時間の地図」に入れても構いません。いずれにしても、段取りの結果を「時間の地図」のなかに入れること、これが一番大事なことなのです。

> 参考
>
> プロジェクト管理では、「料理型」の「逆算段取り図 (ネットワーク図)」と、「買い物型」の「段取りリスト (WBS：Work Breakdown Structure)」を同時に使います。
> その役割は少し違います。
>
> ・逆算段取り図 (ネットワーク図)：作業の前後関係を示す
> 　　　　　　　　　　　　　　　　全体の所要期間を計算するために使用する
>
> ・段取りリスト (WBS)　　　　　：全作業をもれなくリストアップする
> 　　　　　　　　　　　　　　　　全体の所要工数 (＝作業に必要な人×時間) を計算する
>
> 大人数がかかわるプロジェクトの場合は、この両方を作成すると効果的ですが、本書では、簡便な手法として、どちらか片方を用いる段取り手法として、紹介しました。
>
> ここで段取りした結果は、最終的に「時間の地図」に組み込み、そのなかで進行状況や所要工数の管理を行っていきます。ですから、自分ひとりの仕事の段取りとしては、「逆算段取り図」と「段取りリスト」のいずれか片方だけでも、大丈夫なんです。

Part 4 まとめ

どちらの手法を使う場合も、段取りした結果を、必ず自分の「時間の地図」に入れること！

「料理型」段取り法

「料理型」段取り法：第1段階 —逆算段取り図の作成—

● 完成品から逆算して考える

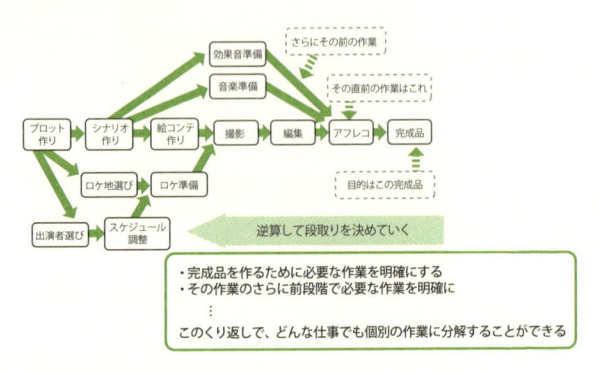

```
                              効果音準備 ──┐        さらにその前の作業
                              音楽準備 ────┤
                                          ↓        その直前の作業はこれ
プロット → シナリオ → 絵コンテ → 撮影 → 編集 → アフレコ → 完成品
作り       作り       作り                                 ↑
   ↓                                                      目的はこの完成品
   ロケ地選び → ロケ準備
   ↓
出演者選び → スケジュール調整
```

逆算して段取りを決めていく

- 完成品を作るために必要な作業を明確にする
- その作業のさらに前段階で必要な作業を明確に
  ⋮
- このくり返しで、どんな仕事でも個別の作業に分解することができる

「料理型」段取り法：第2段階 —自分のスケジュールに組み込む—

● 期限に間に合うスケジュールを考える

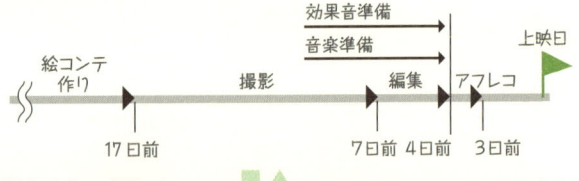

```
                                    効果音準備 ──┐
                                    音楽準備 ────┤       上映日
絵コンテ作り ──▶ 撮影 ──────▶ 編集 ─▶ アフレコ ─▶ 🚩
            17日前         7日前 4日前  3日前
```

各作業をさらに段取り　　作業期間が足りないなら、元の日程を見直す

> このなかの大きな作業は、さらに段取りする
> 日程的に問題がないか、考える

自分のスケジュールに組み込む　　自分のスケジュールとして無理があれば、元の日程を見直す

> 自分の「時間の地図」に組み込む

「買い物型」段取り法

「買い物型」段取り法：第1段階 —段取りリストの作成—

●段取りリストを作る

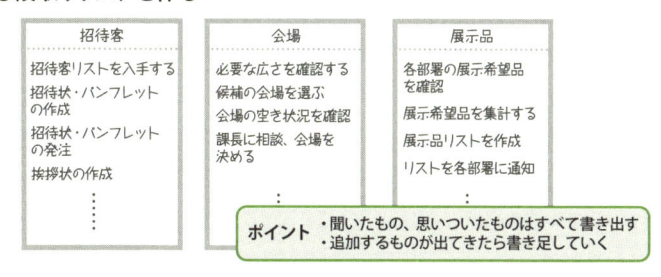

招待客	会場	展示品
招待客リストを入手する	必要な広さを確認する	各部署の展示希望品を確認
招待状・パンフレットの作成	候補の会場を選ぶ	展示希望品を集計する
招待状・パンフレットの発注	会場の空き状況を確認	展示品リストを作成
挨拶状の作成	課長に相談、会場を決める	リストを各部署に通知
⋮	⋮	⋮

> **ポイント**
> ・聞いたもの、思いついたものはすべて書き出す
> ・追加するものが出てきたら書き足していく

「買い物型」段取り法：第2段階 —自分のスケジュールに組み込む—

●段取りリストの中の順番を考える

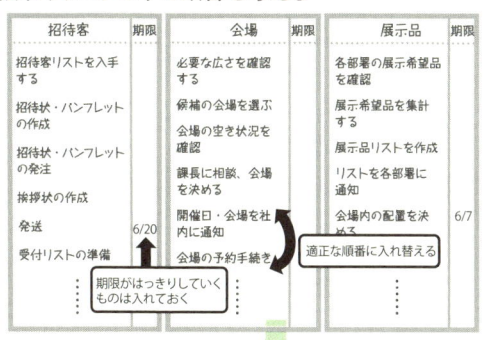

招待客	期限	会場	期限	展示品	期限
招待客リストを入手する		必要な広さを確認する		各部署の展示希望品を確認	
招待状・パンフレットの作成		候補の会場を選ぶ		展示希望品を集計する	
招待状・パンフレットの発注		会場の空き状況を確認		展示品リストを作成	
挨拶状の作成		課長に相談、会場を決める		リストを各部署に通知	
発送	6/20	開催日・会場を社内に通知		会場内の配置を決める	6/7
受付リストの準備		会場の予約手続き		⋮	
⋮		⋮			

> 期限がはっきりしていくものは入れておく

> 適正な順番に入れ替える

自分のスケジュールに組み込む

各タスク、アポイントの実行日を決めて、「時間の地図」に書き込む

> タスクやアポイントを詰め込みすぎていないか？
> 全体の日程としても問題がないか？
> （もし問題があれば、内容を見直したり、人に手伝ってもらう事を考える）

Part 4 段取り力を仕事に活かす

column 4

「段取り力」はいろいろなところで
身につけられる

　「段取り」という言葉は、よく聞く割には、なかなか実態がわからない言葉です。
　「段取りよくやりなさい」といわれることはあっても、「段取りとは、こうやってやるもんだ」と、教えてくれる人はあまりいないものです。

　実際、時間管理のセミナーをしていると、段取りのやり方を教えてほしいというリクエストを受けることも多いんです。簡単には説明できないので、ちょうどいい参考書がないか探してみたのですが、結局、見つかりませんでした。プロジェクト管理の本を読めば、確かにわかるのですが、難しいし、ちょっと大げさすぎます。それで、今回、本書に書いたというわけです。

　「段取り」とは、一言でいえば、「仕事のレシピを作ること」です。特に、未経験の仕事を進めるときに、役に立つ能力です。あなたも、ぜひ段取り力を高めてください…そういいたいところなのですが、実のところ、段取りする能力は、個人差が大きいんです。ですから、すでに段取り上手な人もいるかもしれません。
　段取りは、仕事の経験によっても向上するものですが、それだけではありません。趣味の世界で鍛えた段取り力が、仕事に役立つこともあります。だから、知らず知らずに段取り上手になっている人もいるんです。

　たとえば、複雑なプラモデルを組み立てたり、日曜大工をしたり、

自分で創作料理を作ったり、旅行の計画を立てたり、そんなことが得意な人は、段取り力が鍛えられていると思います。

　でも、もしあなたが自分の段取り力に自信がなかったとしても、落ち込まないでください。段取りがうまくなる秘訣は、とにかく「書く」ことです。メモ書きでもいいので、仕事の手順を書いてみる。それを見ながら仕事を進めてみる。この習慣は、必ずあなたの段取り力を高めてくれます。

　また、身近に段取り上手な人がいれば、聞いてみるのも1つの方法です。ただし、段取りが自然にできてしまっている人に、いきなり「段取りを教えてください」というと、多分困ると思います（自分が自然にできていることは、人に教えにくいですよね）。ですから、自分が立てた段取りをチェックしてもらったりするのが、おすすめですよ。

　段取りは仕事の手順を間違えないようにするためだけではなく、仕事の所要期間や、必要な作業時間を知るためにも役立つものです。大きな仕事に手をつける前に、10分間でもいいので、段取りを考える。その習慣が、将来大きな差を生みますよ。

Part 5

たったこれだけのことで！

長期的な計画を実現する！

Part 5 - 1

なぜ**長期的な計画**はうまくいかないのか？

プロジェクトの仕事が遅れがち…マナブの不安

「例の仕様書、予定通り進んでる？」

そう聞かれて、一瞬ドキッとしたのはIT企業に勤めるマナブです。

「予定通り進んでいます」
そう答えておきましたが、マナブにとって仕様書はちょっとしたトラウマです。というのも、去年、仕様書がまとまらないせいでプロジェクト全体を遅らせてしまったことがあったのです。このときは、あちこちから、せかされたり、怒られたり…と大変でした。

それ以来、プロジェクトの仕事で遅れを出さないように気をつけているのですが、複数のプロジェクトの山場が重なると、残業ばかりになってしまいます。もう少し、うまく進めることができればいいのに、と思うこともあるのですが…なかなかうまくいきません。

資格試験の勉強が不安…メグミの悩み

「まだ3章…先は長いなあ」

と家でひとりごとを言っているのはメグミです。

今の会社に入社して5年、仕事に特に不満はないのですが、次のステップを目指そうと思い、ファイナンシャルプランナーの資格に挑戦することにしました。

それから4か月。当初の思いとは裏腹に、勉強のほうはなかなか進みません。やる気が出ない日には勉強を先延ばししてしまったり、これではいけないと思い直した日には気ばかりあせってしまったり、そんなことのくり返しです。もっと着実に進めていかなきゃと思うのですが…なかなか、自分をコントロールできません。

この2人が悩んでいるもの。それは、両方とも「プロジェクト」です。これから、その「プロジェクト」を上手に進めるための手法について、学んでいきましょう。

Part 5 長期的な計画を実現する！

Part 5-2 長期的な計画を実現するための「1分間の習慣」

プロジェクトとは？

「プロジェクト」という言葉は、たぶんあなたも聞いたことがあると思います。この言葉には、もともと「計画」という意味があります。そして、仕事のなかで「プロジェクト」という場合は、終わり（目標）が決まっている仕事で、その目標を達成すれば完了する仕事のことを指します*。ただし、短期間で終わる仕事は、プロジェクトとは呼ばれないことが多いです。先ほどのマナブの仕事は、もちろんプロジェクトの一部ですし、メグミの勉強も、資格の取得を目標とするプロジェクトです。

仕事をしていると、このプロジェクトが悩みの種になることは少なくありません。学生時代にも「卒業論文」などの悩ましいプロジェクトがありましたね。

プロジェクトはうまく進まないもの？

プロジェクトがうまく進まないという悩みは、よく聞きます。身近なものでは、年の初めに決める目標もそうです。たとえば、お正月に「今年は英語を勉強しよう」などの目標を立てたはずなのに、結局達成できなかった、そんな経験がある人は、実は、とてもたくさんいます（右記アンケート参照）。あなたは、経験ありますか？ もし、経験があれば、そのときのことを思い出してみてください。長期的なプロジェクトのことを、いつの間にか忘れてしまっていたのではないでしょうか？

---

*仕事のなかには日常的にほぼ同じ内容をくり返す仕事もあります。そういう仕事のことは、プロジェクトとは呼びません。

人は、すぐには結果が得られないプロジェクトよりも、目先のことを優先させてしまうことが多いものです。そして、そのうちにプロジェクトのことを忘れてしまうこともあります。長期的なプロジェクトを着実に進めていくことには、独特の難しさがあるのです。

　人類が初めて行った「プロジェクト」は、おそらく農耕です。将来の収穫のために種をまき、育てていくというプロジェクトです。この農耕が始まったのは、最も早い地域で約一万五千年前、人類発祥からの数百万年と比べると、わずか0.5パーセントにもなりません。ですから、人類の歴史全体で見ると、私たちはまだまだ「プロジェクト初心者」なのかもしれません。
　だからこそ、自分のプロジェクトについて考えたり、思い出したりする「習慣」が必要なのです。1日1分間でいいので「プロジェクト」について考えること、その習慣を身につけて、「プロジェクト上手」になっていきましょう。

アンケート

1年（もしくはそれに近い長さの期間）の目標を達成できていますか？

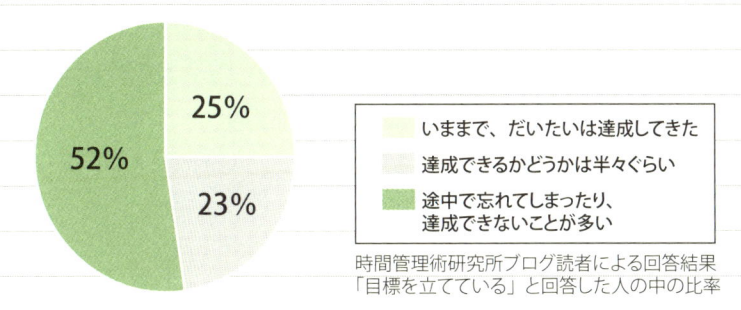

- 25% いままで、だいたいは達成してきた
- 23% 達成できるかどうかは半々ぐらい
- 52% 途中で忘れてしまったり、達成できないことが多い

時間管理術研究所ブログ読者による回答結果
「目標を立てている」と回答した人の中の比率

Part 5
3 プロジェクト上手の条件①：
目標と計画を忘れない

プロジェクトをうまく実行するには？

　長期的なプロジェクトの計画を立てたり、実行したりするための方法は、Part 4で説明した「段取り」と基本的に同じです。ただし、長期的な計画に特有の「つまづきやすいポイント」があります。

　その1つが、目標や計画を忘れてしまうことです。たとえば、年の初めに立てた目標を達成するために、年末までずっと忘れずに行動し続けられる人は意外に少ないものです。あなたも、経験があるのではないでしょうか？　年末が近づいた頃に急に目標を思い出したり、ひどいときには、どんな目標を立てたかすら思い出せないこともあります。これでは、達成できなくて当たり前ですね。しかし、なぜ、こうなってしまうのでしょうか？

　その答は、実はとても簡単なことです。プロジェクト、つまり、長期的に行う計画を日常のスケジュールに組み込んでいないからです。
　先に説明したタスクやアクティビティを忘れずに実行するためには、日常のスケジュール（時間の地図）に書き込み、それを見ることが必要でした。これは、長期的な計画でもまったく同じです。どんなに立派な計画を立てても、それを日常のスケジュールに組み込まない限り、なかなか実行できないものなのです。

これは、とても単純な話なのですが、ちゃんと実行している人は、意外に少ないのです。あなたの周りの人に聞いてみてもわかります。「今年の目標」を立てている人はいても、それを日々のスケジュールのなかに書き込んでいる人は、とても少ないと思います。

目標と計画を忘れないために

　プロジェクトをうまく実行していくために必要なことは、まず、プロジェクト全体の計画を立てることです。これは、日常のスケジュールとは違う、長期的なスケジュールです。

　そして、日常のスケジュールを考えるときに、この長期的なスケジュールを同時に見ることが、とても効果的です。そうすると、長期的なスケジュールを達成するために、今週はなにを実行すればいいかわかります。そして、それを日々のスケジュール、つまり、「時間の地図」に組み込むことができます。

　1日に、たった1分間でも構わないので、長期的な計画を見る習慣をつくること。そして、気がついたことを日常のスケジュールに書き込むことが大事なのです。

Part 5-4 プロジェクト上手の条件②：
「山」を増やさない

プロジェクトをうまく実行するには？

　先ほどのメグミのように、資格試験の勉強を独学で進めていく場合には、そのスケジュールは自分で考えなければいけません。こういう場合の一番簡単なスケジュールの作り方は、1月はここまで、2月はここまでと、月ごとにやる内容を決めていく方法です。実際にこういう計画を立てる人は多いのですが、このやり方は意外にうまくいきません。月ごとに目標を決めるのは、あまりいいやり方ではないのです。

　その理由の1つは、計画の実行に「山」ができやすいことです。月ごとに目標を立てた場合、月初めの時点では目標まで1か月ありますから、ついつい先延ばししたくなります。そして月末が近づいてくると、目標を達成するために忙しくなります。そして、月末になんとか目標を達成すると、今度は次の目標まで時間が空くので、またのんびりしてしまう。こうやって、忙しさの山や谷ができてしまいがちなのです。

　こういう忙しさの「山」が1つだけならまだいいのですが、他のプロジェクトや日常の仕事の「山」と重なると、こなしきれなくなってしまいます。

　そうならないためには、月ごとよりも、もう少し細かく刻んで目標を立てる必要があります。期間を短めに区切ったほうが、大きな「山」ができにくいのです。ただし、細かすぎる計画を作るのも大変です。ですから、週ごとに目標を立てておくくらいがちょうどいいのです。

プロジェクトの「山」を増やさない

月ごとのスケジュールは山や谷ができやすい

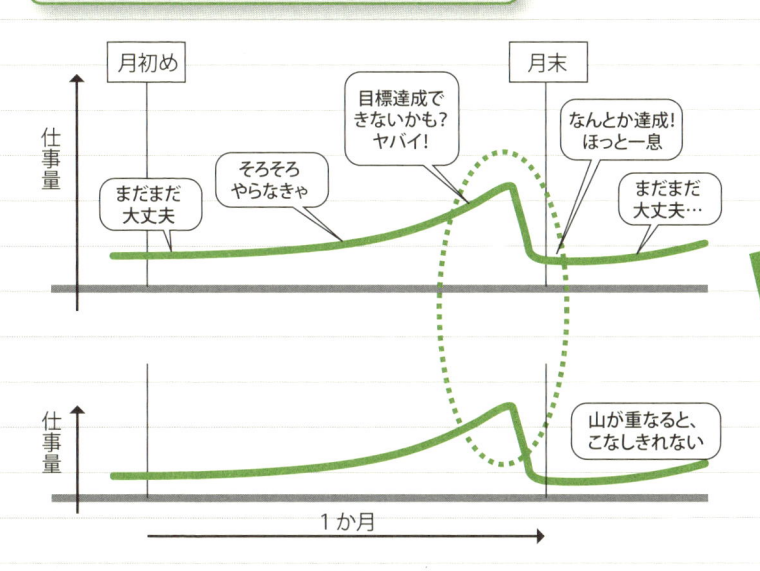

- まだまだ大丈夫
- そろそろやらなきゃ
- 目標達成できないかも？ヤバイ！
- なんとか達成！ほっと一息
- まだまだ大丈夫…

月初め／月末　仕事量　1か月

山が重なると、こなしきれない

Part 5　長期的な計画を実現する！

目標を細かく分けると山と谷の差が小さくなる

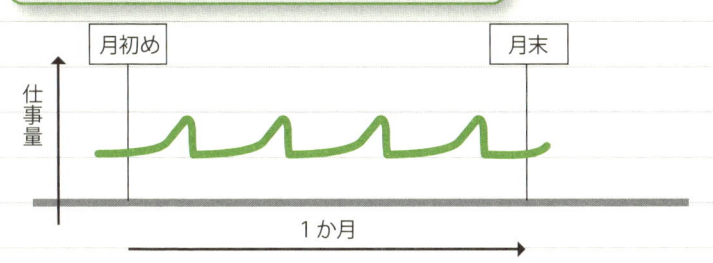

月初め／月末　仕事量　1か月

Part 5
プロジェクト上手の条件③：
「複数の」プロジェクトの流れをつかむ

プロジェクトは
1つではない

　マナブのように、チームの一員として複数のプロジェクトに参画している人は、決して珍しくありません。また、チームとして実行するプロジェクト以外にも、目標管理制度などで、個人の目標を立てる場合もあるでしょう。これも、プロジェクトの一種です。このように、長期的にやっていきたいプロジェクトは1つではないのが普通です。

　そして、プロジェクトの仕事量には「山」がある場合があります。たとえば、個人的な勉強などのプロジェクトの場合には、「毎日1時間勉強する」というように、均等に進める計画を立てることもできます。しかし、仕事のプロジェクトでは、忙しい時期とそうでない時期ができてしまうことがあります。他の人と共同で行うプロジェクトの場合には、特にそうなります。

　複数のプロジェクトがある場合、1つのプロジェクトの「山」が、別のプロジェクトの「谷」と重なればいいのですが、逆に「山」と重なると大変です。ですから、それぞれのプロジェクトの仕事量を事前に予測し、それらが重なっても大丈夫かどうか確認しておく必要があります。Part 2の「クロスワードパズルの原則」と同じで、プロジェクト全体の「流れ」と、各時期の「仕事量」の両方の視点で見るということです。「山」が重なる場合も、事前に気づくことができれば、どちらかの「山」を前か後にずらすなどの調整もできるのです。

　こういう確認をしたり、考えたりするためには、複数のプロジェクト

の計画をバラバラにしておくのではなく、1つにまとめたほうがわかりやすくなります。全プロジェクトの「山」や「谷」がどこにあるかわかるような地図、つまり、Part 2 で紹介した、「時間の地図」の長期スケジュール版を作ればいいんです。

複数のプロジェクトの流れをつかむ

プロジェクトにはもともと仕事量の山がある場合も

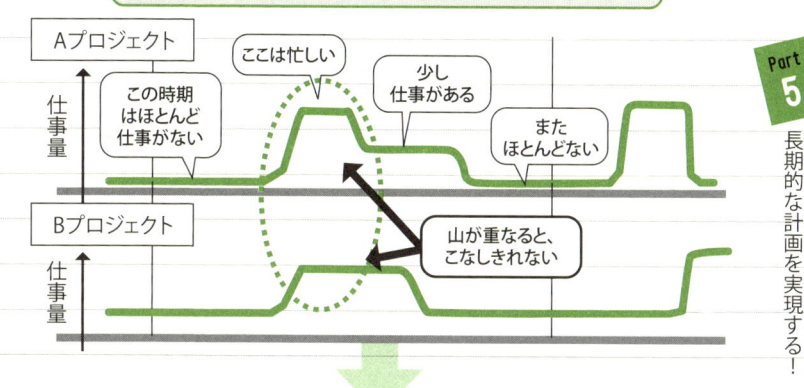

Aプロジェクト
仕事量

- この時期はほとんど仕事がない
- ここは忙しい
- 少し仕事がある
- またほとんどない

Bプロジェクト
仕事量

- 山が重なると、こなしきれない

山が重ならないようにずらす（前もってやる）

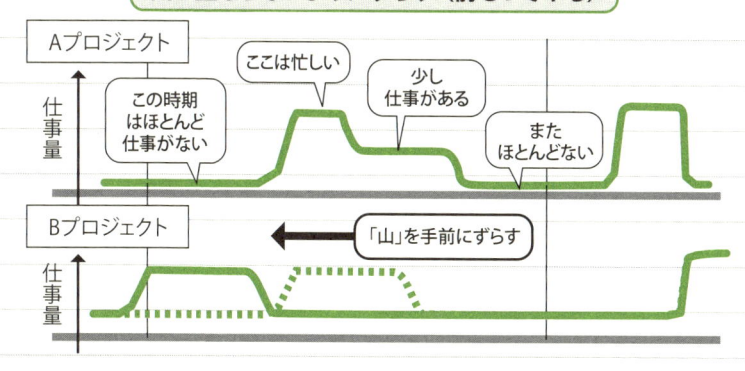

Aプロジェクト
仕事量

- この時期はほとんど仕事がない
- ここは忙しい
- 少し仕事がある
- またほとんどない

Bプロジェクト
仕事量

- 「山」を手前にずらす

Part 5 長期的な計画を実現する！

Part 5-6 「プロジェクトの地図」でやるべきことをスッキリ整理

プロジェクトも「計画的に」

　マナブやメグミが行っている「プロジェクト」も、日常的な時間管理と同じで、計画を立て、見直し、実行することが必要です。そのために必要なものは「時間の地図」です。ただし、必要になるのは長期的な視点の「地図」です。これを「プロジェクトの地図」と呼ぶことにしましょう。

　マナブのように、たくさんの人がかかわるプロジェクトに参加している場合には、すでにプロジェクト全体のスケジュールが作成されている場合もあります。しかし、それは、そのプロジェクトのスケジュールであって、自分のスケジュールではありません。あくまでも、自分が「いつ」「なにを」するかを基準にするのが、「プロジェクトの地図」です。

　「プロジェクトの地図」と、「時間の地図」は、縮尺の違う2つの地図のようなものです。「時間の地図」、つまり、7日間の自分の仕事と時間を整理すること、そして、「プロジェクトの地図」、つまり、長期的な計画について整理すること、この両方がそろえば、1日から数か月までの範囲で、自分のやるべきことを整理することができるようになるんです。

「プロジェクトの地図」の作り方

ここまでにあげた「プロジェクト上手の条件」を満たすためには、「プロジェクトの地図」はこうなります。

条件1：目標と計画を忘れないためのシンプルでわかりやすい地図

長期的な計画を忘れずに実行するには、「プロジェクトの地図」と、毎週の「時間の地図」をあわせて見ることが効果的です。そのためには、シンプルでわかりやすい「地図」のほうが便利です。

条件2：「山」を増やさないための細かい区切りの地図

「月ごと」のように計画の区切りが長すぎると、区切りの手前に、忙しさの「山」ができてしまいがちです。そうならないために計画はもう少し細かめに区切るべきです。

条件3：「複数の」プロジェクトの流れをつかむための1枚にまとめた地図

複数のプロジェクトの「山」の重なり方が一目でわかるようにするために、自分がかかわるプロジェクトは、できるだけ1枚の地図にまとめるようにします。

これらの条件を満たす「地図」の作り方は、次のPartで説明していきます。その前に、地図を作るときに必要な「計画の区切り方」について説明しておきましょう。

Part 5
7 実現のキーポイントは
「区切りは週単位で」

「月ごとの計画」がうまくいかない理由

「プロジェクトの地図」の作り方を説明する前に、計画の区切り方について、もう少し説明しておきます。計画の区切りを「月ごと」にしてしまうと、忙しさの「山」ができるのでよくないと説明しましたが、実は、他にも問題があるのです。

月ごとに区切るのがよくない2つめの理由は、月ごとの区切りでは残りの日数がわかりにくいことです。右のカレンダーを見てください。同じ20日の時点でも、月によって残りの日数は大きく違います。「今日は20日だから、あと残り3分の1」というわけではないのです。ですから、月によっては、月末近くに日数が足りずにあわてることになってしまいます。

3つめの理由は、「月」の区切りは、日常的に使う「週」の区切りと一致しないことです。「月」の目標を「週」ごとに割り振ろうとすると、最初と最後の週は、日数が半端になってしまい、均等に割り振ることが難しくなります。ですから、月ごとの計画は、週のスケジュールに書き込みにくいのです。

「プロジェクトの地図」と「時間の地図」は縮尺の違う2種類の地図です。その両方の地図をあわせて見るためには、それぞれの地図の長さの単位をそろえておいたほうが使いやすいということです。その単位に適しているのが「週」なんです。

> 月ごとの計画は残り日数を誤解しやすい

仕事に使える残り日数は？（土日休みの場合）

月	火	水	木	金	土	日
		1	2	3	4	5
6	7	8	9	10	11	12
13	14	15	16	17	18	19
20	21	22	23	24	25	26
27	28	29	30	31		

↑ 20日まで過ぎて残りあと9日

月	火	水	木	金	土	日
					1	2
3	4	5	6	7	8	9
10	11	12	13	14	15	16
17	18	19	20	21	22	23
24	25	26	27	28	29	30

↑ 20日まで過ぎて残りあと6日

月のスケジュールは、残りの日数をつかみにくい

Part 5 長期的な計画を実現する！

Part 5 まとめ

長期的な計画をうまく達成するためには、3つの条件が必要

プロジェクト上手の条件❶：目標と計画を忘れないこと

- プロジェクト全体の計画を立てる
- 立てた計画を見る習慣をつくる
  （日常のスケジュールとあわせて見る）
  （1日1分でも構わないので、毎日見る）

プロジェクト上手の条件❷：「山」を増やさないこと

「月ごと」の目標設定は、忙しさの「山」をつくりやすい
長期計画の区切りは、週単位にする

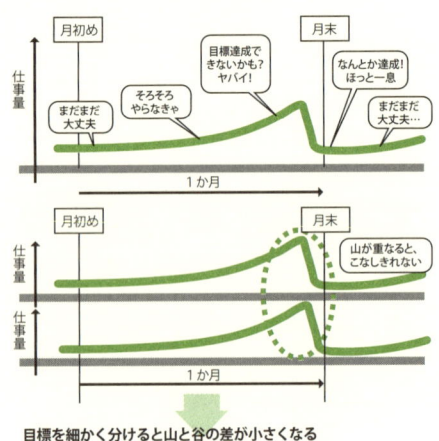

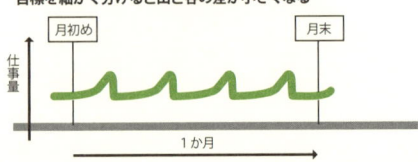

（月初め → 月末の仕事量グラフ）
- まだまだ大丈夫
- そろそろやらなきゃ
- 目標達成できないかも？ヤバイ！
- なんとか達成！ほっと一息
- まだまだ大丈夫…
- 1か月

山が重なると、こなしきれない

目標を細かく分けると山と谷の差が小さくなる

プロジェクト上手の条件❸：「複数の」プロジェクトの流れをつかむ

- 自分が関係するプロジェクトの計画を1つにまとめる
- 1つにまとめると、複数のプロジェクトの「山」が重ならないように調整しやすくなる

山が重ならないようにずらす（前もってやる）

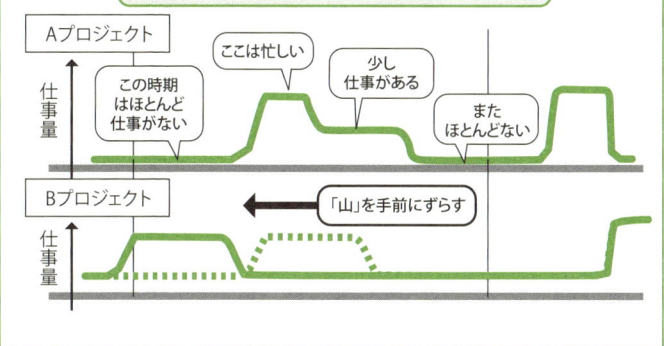

Aプロジェクト
仕事量
- この時期はほとんど仕事がない
- ここは忙しい
- 少し仕事がある
- またほとんどない

Bプロジェクト
仕事量
← 「山」を手前にずらす

くわしくは、次のPart6で！

column 5

計画は絶対じゃない?

プロジェクトの計画変更が必要になることもある

　本書では、長期的なプロジェクトの計画の立て方を紹介しますが、長期的なプロジェクトでは、実行している途中で、計画を変更しなければいけない場合もあります。

　たとえば、営業の仕事で、ある売上げ目標を達成したいという場合を考えてみましょう。目標達成のために、キャンペーンなどの計画を実行しても、思ったとおりに売上げが上がらない場合もあります。その場合は、さらに別の方策を考えることが必要になります。

　あるいは、私が経験した製品開発の仕事でも、同じことがありました。製品開発では、「○○と□□の性能目標を達成した製品を開発する」という目標に対して、最初の段階でいろいろな方策を考えたり、実験を計画したりします。しかし、実行した結果、思ったような結果が得られるとは限りませんし、思いがけない新しい事実がわかることもあります。そうなると、最初の計画とは違う、新しい計画を立て直すことになります。このように、設定した目標によっては、途中で計画を見直すこともあります。これは、「行動目標」と「成果目標」の違いによるものです。

行動目標と成果目標

　「行動目標」とは、ある行動を取ることが目標です。たとえば、営業職の場合、「新規顧客への訪問数100件」というのが、行動目標です。行動を起こせば達成できる確実性がある目標です。

一方、「成果目標」とは、ある成果を達成することが目標です。そして、計画した行動を実行したからといって、目標が達成できるとは限りませんし、目標を達成するまでの道筋が1つだけとは限りません。

　ですから、「このまま計画通りに進めても、期限までに目標達成できないかもしれない」と気づいた場合には、計画の変更が必要です。つまり、「成果目標」の場合には、計画は絶対的なものではありません。もちろん、計画が不要というわけでもありません。無計画に進めてしまうと、ますます結果が得られなくなってしまいますよね。

成果目標への取り組み方

　ですから、成果目標を設定した場合には、計画通り実行することと、計画を見直すことを、うまく使い分けなければいけません。そのためには、成果が伴っているかどうかチェックする機会が必要です。たとえば、大学受験という目標のためには、模試というチェックの機会がありますし、期待した成績が得られなければ、勉強時間や勉強方法を見直すことも必要になりますよね。それと同じです。

　計画によって、そういうチェックを毎日やれる場合もあれば、3か月後にならないとわからない場合もあります。そのいずれにしても、チェックする機会を持つことが重要です。チェックする時期を、あらかじめ設定しておくのも1つの方法ですし、最終の目標値に至るまでの段階的な目標と達成時期を決めておく方法もあります。成果目標に挑戦する場合には、こうした方法も考えてみてください。

Part 6

「プロジェクトの地図」を賢く使いこなす

Part 6
1 「自分の」プロジェクトを「見える化」する地図

長期スケジュール版「時間の地図」は表にする

　では、次に「プロジェクトの地図」の作り方を説明していきましょう。「プロジェクトの地図」とは、それぞれの「週」に、それぞれの「プロジェクト」で実行すべきことを書き出したものです。右の図が長期スケジュール版の「時間の地図」の例です。単純な表ですが、これを縦に見ると、各プロジェクトの「流れや所要期間」、横に見ると「その週にやる仕事量」が見えます（週の「時間の地図」とは縦横が逆になっています）。

　週ごとの「時間の地図」では、Part 2で説明したように、タスクの実行日を決めるときに「その日の時間が足りるかどうか」という視点を持つことが重要でした。「クロスワードパズルの原則」です。

　「プロジェクトの地図」を使って、複数のプロジェクトを1つにまとめると、長期的なスケジュールに対しても、同じ視点を持つことができます。このように、複数のプロジェクトの情報を1つにまとめることが、とても重要なのです。

　プロジェクトがいくつあったとしても、それを実行する自分の体は1つしかありません。各週の仕事量が多いか、少ないかを、事前につかんでおくことは、プロジェクトの仕事を確実に実行するために、必要なことなのです。

「プロジェクトの地図」にまとめる

週No.	日付	Aプロジェクト	Bプロジェクト	Cプロジェクト
第40週	9/29～10/3			
第41週	10/6～10	この週の仕事量は？		
第42週	10/13～17	Aプロジェクトの流れ	Bプロジェクトの流れ	Cプロジェクトの流れ
第43週	10/20～24			
第44週	10/27～31			
第45週	11/3～7			
第46週	11/10～14			
第47週	11/17～21			
第48週	11/24～28			
第49週	12/1～5			
第50週	12/8～12			
第51週	12/15～19			
第52週	12/22～26			

Part 6 「プロジェクトの地図」を賢く使いこなす

Part 6-2 「週ごと」の「やること」を書き出す①

「プロジェクトの計画」を「自分の計画」にする

　「プロジェクトの地図」は、週ごとの仕事内容を表す表になっています。ここにそれぞれのプロジェクトのためにやることを記入していけば、「地図」ができあがります。

　たとえば、マナブのように大きなプロジェクトに参加する場合、プロジェクト全体の日程を見て、自分がやるべきことの内容と日程を確認します。そして、週ごとの仕事の内容を「プロジェクトの地図」に記入していきます。

　このときは、細かい「タスク」に分けて書き込むよりも、大きく「アクティビティ」としてとらえて書き込むほうが、あとで見やすくなります。

　こうして書き込んでいくと、週ごとの「自分の仕事」がわかるようになります（「自分の仕事」について書くのがポイントです）。実際に作ってみると、プロジェクトによっては忙しい週と、やることがない週の差が激しい場合もあると思います。こういうプロジェクトの「山」や「谷」がわかるようになることが、重要なのです。

プロジェクトを地図にまとめる

週	日付	Aプロジェクト	Bプロジェクト	Cプロジェクト
第40週	9/29〜10/3	仕様検討 部内会議	スタートアップ会議 資料準備	報告資料作成 ○○社出張
第41週	10/6〜10		第1回 調査期間 ↓	プロジェクト会議 資料準備
第42週	10/13〜17	□□社打合せ 見積依頼	調査結果 まとめ	
第43週	10/20〜24		対策案検討 関係者ミーティング	
第44週	10/27〜31	部会資料作成	月次報告会議	
第45週	11/3〜7	部会承認 発注	対策実施期間 ↓	報告資料作成 ○○社出張
第46週	11/10〜14	外注期間		プロジェクト会議 資料準備
第47週	11/17〜21		改善効果調査	
第48週	11/24〜28		調査結果 まとめ	
第49週	12/1〜5		中間報告会議	
第50週	12/8〜12		改善実施予定 (詳細未定)	報告資料作成 ○○社出張
第51週	12/15〜19		↓	プロジェクト会議 資料準備
第52週	12/22〜26	↓		

Part 6 「プロジェクトの地図」を賢く使いこなす

Part 6-3 「週ごと」の「やること」を書き出す②

自分でスケジュールを決めていく

　プロジェクトには、メグミの勉強のように自分でスケジュールを決めるものもあります。この場合、まず全体の日程を考えます。試験までの期間と、そこまでにやりたい勉強の内容を考えるのが、最初の段階です。

　たとえば、3か月で勉強を終わらせたい参考書があったとします。一番簡単な計画の立て方は、その期間内に何週間あるか数えて、参考書のページ数を週の数で割り、週ごとに終わらせるページ数を決めるやり方です。こうすれば、週ごとに「〇〇ページまで」と決まりますから、簡単に計画を立てることができます。

　実際には、余裕を持って終われるように、終える日付を早めに設定したり、内容の難しさによって週ごとのページ数を変えるなどの工夫をすると、さらにいい計画になります。また、複数の参考書があるなら、それぞれについて計画を立てます。

　このときも、「クロスワードパズルの原則」です。縦の流れだけでなく、横方向に見て、週ごとの仕事量を確認しておきます。こうやって、週ごとの課題を本当に終わらせられるかどうか考えておくことが、本当に実行できる計画につながるのです。

週ごとの課題を決める

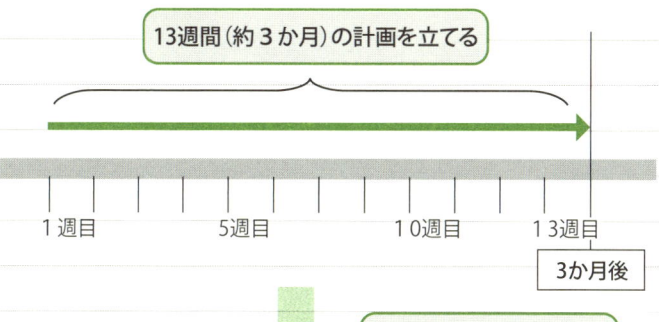

13週間（約3か月）の計画を立てる

1週目　5週目　10週目　13週目

3か月後

週ごとの課題を決めて表に書き込む

		参考書A	問題集B
1週目	3/31〜4/6	p12〜p32	**p7〜p19**
2週目	4/7〜4/13	p33〜p53	p20〜p32
3週目	4/14〜4/20	p54〜p74	p33〜p45
4週目	4/21〜4/27	p75〜p95	p46〜p58
5週目	4/28〜5/4	p96〜p116	
6週目	5/5〜5/11	p117〜p137	
7週目	5/12〜5/18	p138〜p158	
8週目	5/19〜5/25	p159〜p179	
9週目	5/26〜6/1	p180〜p200	
10週目	6/2〜6/8	p201〜p221	p124〜p138
11週目	6/9〜6/15	p222〜p242	p137〜p149
12週目	6/16〜6/22	p243〜p263	p150〜p162
13週目	6/23〜6/29	p264〜p282	p163〜p175
14週目	6/30〜7/6		

- 他の課題も書き込んだら1週間ごとの課題の量を確認する
- 1週間でできそうにないのならスケジュールを見直す（クロスワードの原則）

Part 6　「プロジェクトの地図」を賢く使いこなす

Part 6
4 「山」と「山」とが
ぶつからないように気をつける

「実行できる計画」にするために

この長期スケジュール版「時間の地図」では、大まかな仕事をつかむためのものなので、細かいタスクまではわからないことがあります。それが原因で、ついつい仕事を詰め込んでしまい、実行しきれないスケジュールを作ってしまうこともあります。

そうならないためには、それぞれの枠に必要な時間を事前に考えておくことが有効です。その週・そのプロジェクトの枠にかかる時間、つまり「山」の高さを考えておくのです。

「山」の高さを表す方法の1つは、「何時間かかりそうか」という時間数を書く方法です。枠ごとに時間を書き、それを横一列に合計すれば、その週にどれだけ時間が必要かわかります。もし、ここで、1週間の仕事時間の7、8割に達してしまうようなら、かなり厳しいスケジュールです（プロジェクト以外の仕事もあることを忘れてはいけません）。

もう1つの方法は、もっと簡単に大まかに予想する方法です。たとえば「A」という記号は「1週間の半分くらいの時間を使いそう」、「B」は「2〜3割」、「C」は「1割以下」のように決めておき、書いていきます（赤・黄・緑などの色で表しても構いません）。

こんな大まかな予想でも、実際はかなり役に立ちます。「Aが1つ入るとその週は忙しい」「Aが2つ入るとアウト」「B3つはかなり厳しい」のように、直感的に忙しさ、「山」の高さがわかりやすくなるのです。

これらの手法を使えば、新しいプロジェクトを追加するときにも「山」どうしが重なりすぎないように計画を立てられます。

プロジェクトの山をはっきりさせる

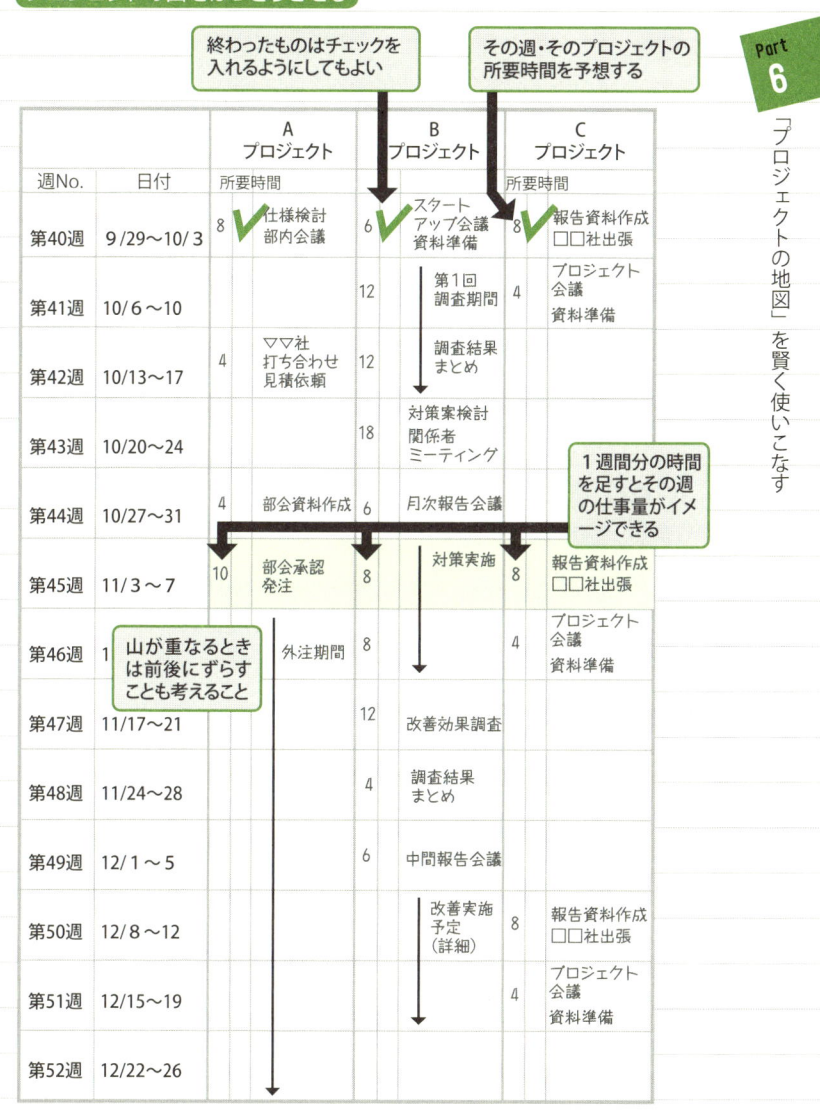

- 終わったものはチェックを入れるようにしてもよい
- その週・そのプロジェクトの所要時間を予想する

週No.	日付	Aプロジェクト 所要時間		Bプロジェクト		Cプロジェクト 所要時間	
第40週	9/29～10/3	8 ✓	仕様検討 部内会議	6 ✓	スタートアップ会議 資料準備	8 ✓	報告資料作成 □□社出張
第41週	10/6～10			12	第1回調査期間	4	プロジェクト会議 資料準備
第42週	10/13～17	4	▽▽社 打ち合わせ 見積依頼	12	調査結果まとめ		
第43週	10/20～24			18	対策案検討 関係者ミーティング		
第44週	10/27～31	4	部会資料作成	6	月次報告会議		
第45週	11/3～7	10	部会承認 発注	8	対策実施	8	報告資料作成 □□社出張
第46週	11/10～14		外注期間	8		4	プロジェクト会議 資料準備
第47週	11/17～21			12	改善効果調査		
第48週	11/24～28			4	調査結果まとめ		
第49週	12/1～5			6	中間報告会議		
第50週	12/8～12				改善実施予定（詳細）	8	報告資料作成 □□社出張
第51週	12/15～19					4	プロジェクト会議 資料準備
第52週	12/22～26						

- 1週間分の時間を足すとその週の仕事量がイメージできる
- 山が重なるときは前後にずらすことも考えること

Part 6 「プロジェクトの地図」を賢く使いこなす

Part 6 - 5 「プロジェクトの地図」
の差がつく使い方①

「地図」は見るためにある

　こうしてできた、「プロジェクトの地図」を実行するためには、これを「見る」ことがとても重要です。どんな立派な地図も、使わなければ意味がありません。ところが、自分がかかわるプロジェクトの計画や、自分が立てた勉強の計画を毎日確認している人は、実際にはとても少ないのです。ここで、他の人に差をつけてしまいましょう。

　長期的な目標や計画を達成できない最も大きな原因は、それを忘れてしまうことです。人間には、「未来より目先を優先する」クセがあり、それを補えるのは「見る」習慣しかありません。1日1分間でも構わないので、「地図」を開いて見るように心がけてください。

　また、各週・各プロジェクトの枠に書いてある「やること」が達成できたら、その枠にチェックを入れていくと、プロジェクトが予定通り進行しているかどうかが一目でわかるようになります。

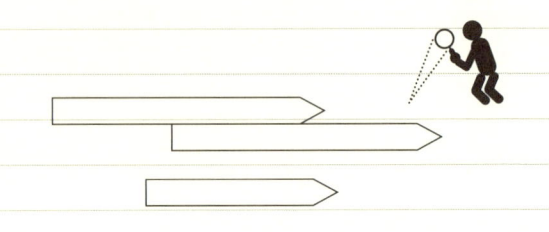

「地図」は修正することもある

　すべてのプロジェクトが予定通りに進めばいいのですが、現実には達成できないものが出てくることもあります。その場合は、計画を見直すことも必要です。

　人は長期的な計画を立てるときには、欲張って盛りだくさんの計画を詰め込んでしまうことが多いものです。もし、実行中のスケジュールに無理があった場合は、「地図」を見直すことをためらってはいけません。

　たとえば、たくさんのプロジェクトに手を出しすぎてうまく進行していないのであれば、思い切ってプロジェクトのどれかをやめてしまう決断をしたほうがいいのかもしれません。あるいは、期間を見直したり、プロジェクトの内容を見直すべきなのかもしれません。そうやって、「地図」を作り直していくのです。

　実際はうまく進行していないのにそのまま進めようとすると、だんだん「地図」を見るのが嫌になってきますし、最悪の場合には、計画を全部投げ出してしまうかもしれません。そうならないためには、「地図」を見直すのも大事なことなのです。

Part 6
6 「プロジェクトの地図」
の差がつく使い方②

週のスケジュールと連携させる

　計画を実行していくためには、1日1分間でも構わないので「プロジェクトの地図」を「見る」習慣が大切です。このときに、週の「時間の地図」とあわせて見るようにすれば、両方の「地図」をうまく連携させることができます。

　両方の地図を見るときには、「プロジェクトの地図」のなかの仕事が、ちゃんと週の「時間の地図」のなかに入っているかどうか確認します。やるべきことを、ちゃんと「時間の地図」のなかに書き込むことが、長期と週のスケジュールを連携させるための最大のポイントです。この習慣がつけば、どんな長期的な計画も、確実に日常のスケジュールに組み込むことができます。

　そして、プロジェクトの内容が、まだ「時間の地図」に入っていなければ、書き込んでいきます。まずは「見る」こと、そして、気がついたことは「書く」こと。これを習慣にしていくのです。習慣づけるためには、まずは「見る」ことを徹底します。毎日「見る」習慣が身につけば、「書き込む」習慣はついてきます。

基本の地図は2つでいい

　長期的、短期的の両方で「計画的に行動する」ためには、この2つの「地図」が必要です。逆に言えば、この2つをうまく使えれば、それ以外はなくても構いません。

もし、「月ごと」に管理するものがある場合には、もう1つ「地図」を増やしても構いませんが、基本的に「地図」は少ないほうが、無理なく継続できるものなのです。

　たとえば、月ごとのカレンダーや、各プロジェクトごとの日程表、さらにタスクのリストなど、あちこちに自分のやるべきことを記録していると、全体でどれだけ時間が必要なのかわからなくなってしまいます。自分の体は1つしかないのと同じように、自分の時間も1つの流れしかありません。自分の「やること」の情報は、できるだけ集約させておくことが、「時間管理」、「計画的な行動」をストレス少なく運用する秘訣なのです。

2つの地図を持つ

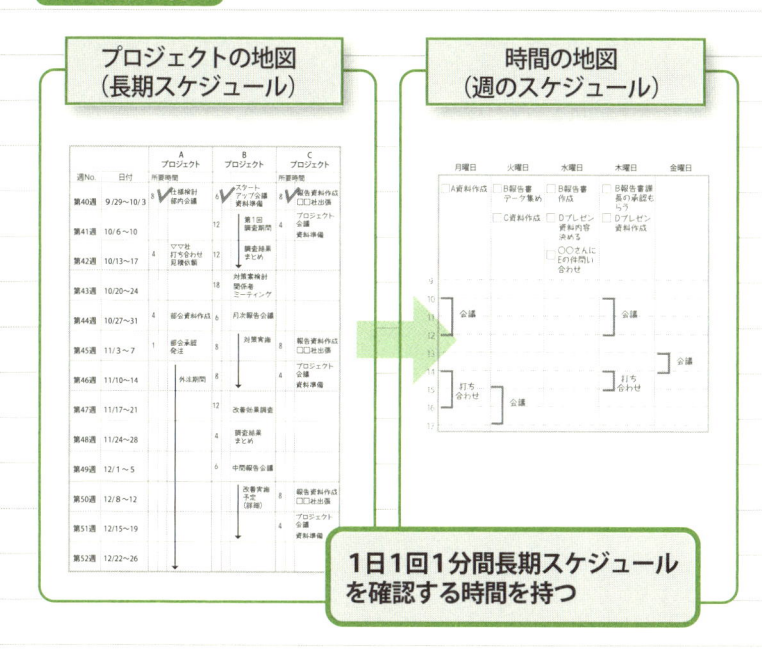

プロジェクトの地図（長期スケジュール） → **時間の地図（週のスケジュール）**

1日1回1分間長期スケジュールを確認する時間を持つ

Part 6 まとめ

プロジェクトの計画を自分の計画にするための「プロジェクトの地図」

プロジェクトが複数あっても、実行する自分の体は1つ
複数のプロジェクトを確実に実行するためには、情報を1つにまとめて、
全体の仕事量を見えるようにしておくことが必要

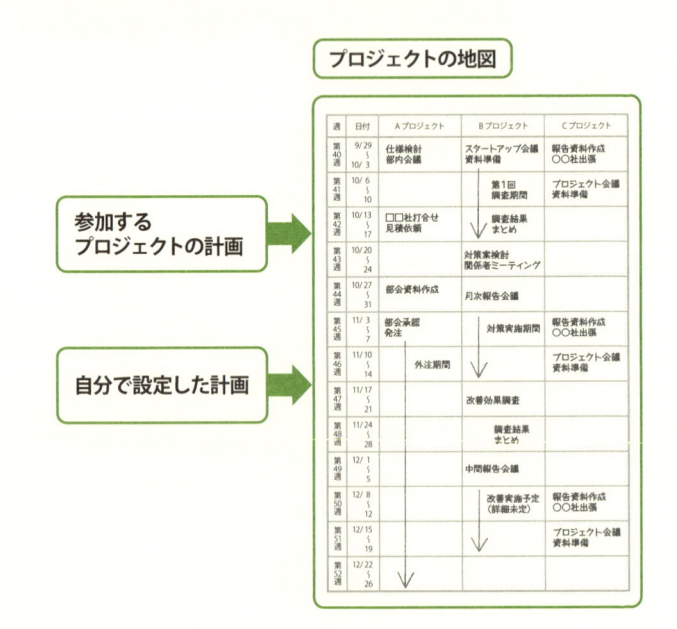

プロジェクトの地図

週	日付	Aプロジェクト	Bプロジェクト	Cプロジェクト
第40週	9/29〜10/3	仕様検討 部内会議	スタートアップ会議 資料準備	報告資料作成 〇〇社出張
第41週	10/6〜10		第1回 調査期間	資料準備
第42週	10/13〜17	□□社打合せ 見積依頼	調査結果 まとめ	
第43週	10/20〜24		対策案検討 関係者ミーティング	
第44週	10/27〜31	部会資料作成	月次報告会議	
第45週	11/3〜7	部会承認 発注	対策実施期間	報告資料作成 〇〇社出張
第46週	11/10〜14	外注期間	↓	プロジェクト会議 資料準備
第47週	11/17〜21		改善効果調査	
第48週	11/24〜28		調査結果 まとめ	
第49週	12/1〜5		中間報告会議	
第50週	12/8〜12		改善実施予定 （詳細未定）	報告資料作成 〇〇社出張
第51週	12/15〜19		↓	プロジェクト会議 資料準備
第52週	12/22〜26	↓		

参加するプロジェクトの計画

自分で設定した計画

各週の仕事量をつかむ

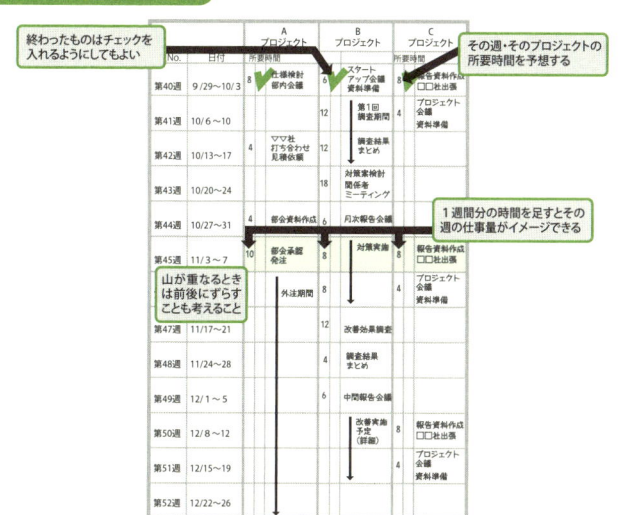

- 終わったものはチェックを入れるようにしてもよい
- その週・そのプロジェクトの所要時間を予想する
- 1週間分の時間を足とその週の仕事量がイメージできる
- 山が重なるときは前後にずらすことも考えること

週No.	日付	Aプロジェクト 所要時間		Bプロジェクト	所要時間	Cプロジェクト	所要時間
第40週	9/29〜10/3	8	現場検討 都内会議	スタートアップ会議 資料準備	6	報告資料作成 □□社出張	8
第41週	10/6〜10			第1回 調査期間	12	プロジェクト会議 資料準備	4
第42週	10/13〜17	4	ママ社 打ち合わせ 見積依頼	調査結果 まとめ	12		
第43週	10/20〜24			対策案検討 関係者 ミーティング	18		
第44週	10/27〜31	6	都会資料作成	月次報告会議	6		
第45週	11/3〜7	10	都会承認 発注	対策実施	8	報告資料作成 □□社出張	
第46週	11/10〜14		外注期間		8	プロジェクト会議 資料準備	
第47週	11/17〜21			改善効果調査	12		
第48週	11/24〜28			調査結果 まとめ	4		
第49週	12/1〜5			中間報告会議	6		
第50週	12/8〜12			改善実施 予定 (詳細)		報告資料作成 □□社出張	
第51週	12/15〜19					プロジェクト会議 資料準備	
第52週	12/22〜26						

1日1回1分間長期スケジュールを確認する時間を持つ

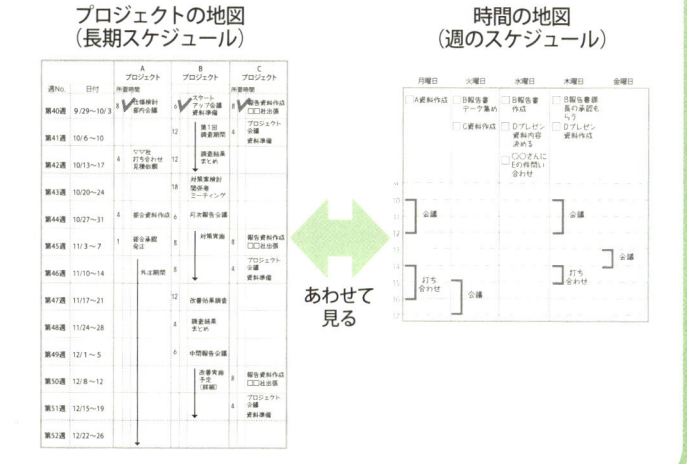

プロジェクトの地図
(長期スケジュール)

時間の地図
(週のスケジュール)

あわせて見る

Part 6 「プロジェクトの地図」を賢く使いこなす

column 6

プロジェクトは一種の物語、脚本家は自分自身

「長期的な物事を成し遂げる」というのは、口でいうのは簡単ですが、実際はとても難しいことです。なぜ、人は長期的な物事を苦手としているのでしょうね。こんなふうに考えてみてはいかがですか？

長期的に物事を成し遂げていくのは、遠くにある目標に向かって、ちょっとずつ近づいていくようなものです。ゴルフにたとえるなら、500ヤード（457メートル）のロングホールを、パターだけで攻略しようとするようなものです。

仮に、パターの1打で10ヤード進むとしましょう。1回打つと、500ヤード先にあった目標が、490ヤード先になりますね。しかし、人間の目には、500ヤードと490ヤードの差は、ほとんどわかりませんから、進んでいる実感が持てませんよね。

進んでいる実感が持てないということは、「この1打」を打っても打たなくても、変わりがないように思えるということです。だから、「今日は打たなくてもいいや」と、だらけてしまったり、あきらめてしまったりするのです。

こうならないようにするためには、「この1打」でどれだけ目標に近づいたか、実感できるようにすることが大事です。それが、目標を細かく区切ることなんです。1か月でもまだ長すぎるので、1週間ごとに目標を設定する方法が、効果があるんです。

そんな段階的な目標を設定していくのは、1つの大きなストーリー

を描いていくようなものです。「プロジェクトの地図」は、あなた自身が作る、あなた自身のためのストーリーなんです。

そして、そのストーリーを描くためには、自分自身を信じることも必要ですし、逆に、自分自身を過信しすぎないこと（目標を甘く見ないこと）も必要です。自分自身を信じる、でも過信しない。この2つは「クロスワードパズルの原則」と対応しています。この原則を活かして、自分なりのストーリーを描いていってください。

そしてもう1つ、「長期的な目標を設定する」というと、無理してでもがんばらなければいけない、というイメージを持っている人もいるかもしれません。しかし、必ずしも難しい目標を設定しなければいけないというわけではありません。無理せず、ゆるめの目標を立てるのも、厳しく、高い目標を立てるのも自由です。あなたが決めたストーリーを作ってみてください。

最初は少し難しいと感じるかもしれませんし、失敗するかもしれません。しかし、必ず上手になってきますから、恐れずに挑戦してみてください。

そして、決めたストーリーである、「プロジェクトの地図」を見ること。1分間でもいいから、できるだけ毎日見ることを続けてみてください。1年、2年と経つうちに、以前とは違う自分に気付くことになりますよ。

Part 7

「時間の地図」を使った1日

Part 7
1 まず、朝一番に
何をやる?

まず手帳を開く

　この Part 7 では、ここまでで説明してきたことを、毎日の仕事のなかでどうやって使うか、紹介していきます。
　計画的に行動するためには、まず、1日のスタートが肝心です。たとえば、次のような朝の過ごし方、どう思いますか?

　朝、出社して自分のデスクに座ると、まずメールチェックを始めるか、デスクに置いてある資料を見たりします。そして、「これやっとかなきゃ」と思った仕事があれば、それから始めるし、特になければ、「何からやろうかな?」と考えるところから始める…。

　こんなふうに、思いつきで行動してしまう人、けっこう多いんです。でも、これでは「計画的な行動」とはいえませんよね。目についた仕事から始めたり、何をしようか迷ったりしていては、「計画的な行動」にはなりませんよね。1日のスタートは、まず、自分のやるべきことを確実に思い出すこと、つまり、「時間の地図」を見ることから始めていきましょう。

　まず「時間の地図」を開く。そして、今日のやるべきことを見る。そうすれば、やるべきことを素早く思い出して、すぐに行動に移すことができます。この習慣で、朝のスタートダッシュが格段によくなります。

手帳は開いたままにしておく

「時間の地図」に手帳を使っている場合は、手帳はそのまま開いて置いておきます*。これも大事なポイントです。

仕事をしている最中は、いろいろなことが気になることがあります。明日の仕事や、来週の仕事のことが頭をよぎったりもします。だからといって、気になったことにあれこれ手をつけていては、最初に計画したことが終わりませんよね。

そうならないためには、「時間の地図」を見る習慣が役に立ちます。そして、「地図」は、毎回閉じるのではなく、いつでも見られるように開いたまま置いておくこと。こうすると、無理なく地図を見る習慣が身につきます。

また、「地図」を見ないで行動していると、次に何をやるか迷ってしまうこともあります。「何をやろうかな？」とぼんやり考えていると、時間をムダにしてしまうこともあります。「計画的な行動」のためにも、スピーディーな行動のためにも、常に「地図」を見られるようにしておくことが大事なのです。

これを上手に習慣づけるためには、「時間の地図」の置き場所を決めておくことをおすすめします。そこに「地図」がないと違和感を感じるくらい、毎日そこに置くことが大切です。

朝、「地図」を開いて、いつもの置き場所に置く。この習慣が、「地図」をマメに見る習慣につながります。

---

*パソコンを使った「時間の地図」の場合、スケジュール管理ソフトを開いたままにしておいても、他の作業をすると隠れてしまいます。ですから、仕事の区切りごとに確認するように心がけてください。

Part 7-2 仕事を片付けながら
何をやる？

タスクのスタート前に
時間を意識する

「時間の地図」のなかの仕事には、アポイントとタスクがあります。アポイントの時間にはそのアポイントを実行し、それ以外の時間でタスクを実行していきます。

タスクを実行するときは、「時間の地図」のその日のタスクの欄を見ます。そして、実行するタスクを決めて、1つずつ実行していくわけです。

ただし、タスクはアポイントと違い、「いつ終わる」かがはっきりしていません。ですから、サクサク片付けるか、ダラダラやってしまうかは自分しだいです。でも、できれば、集中して短時間で終わらせてしまったほうが、スッキリしますよね。そこで役に立つのが、それぞれのタスクにかける時間を意識する習慣です。

まず、タスクを始める前に、そのタスクにどれだけの時間がかかりそうか考えます。そしてスタートの時刻とかかる時間を考えて「何時までに終わらせよう」という目標を決めてから行動するのです*。こうするとダラダラ過ごしてしまうことがなくなりますし、予定したタスクをすべて完了させるための勢いがつきます。

「このタスクには、どのくらいの時間がかかりそうか」という時間の

---

*または、「このタスクを○○分で終わらせよう」という目標を決めて、タイマーなどで時間を計りながら実行する方法もあります。

読みは、最初は難しく感じるかもしれませんし、なかなか読み通りに終わらないこともあるかもしれません。しかし、普段から時間を意識する習慣がつくと、時間の読みはだんだん上手になっていきます。

終わったタスクにはチェックを入れる

　タスクを迷いなく実行するためには、完了したものとそうでないものをわかりやすく区別しておきましょう。そのためには、タスクが完了したらチェックを入れます。タスクは、四角のチェックボックスといっしょに記入しておき、完了したらチェックを入れる。または、終わったタスクに線を引いて消す。この簡単な習慣が大事なんです。

終わったタスクにはチェックを入れる

☑ B報告書
　課長の承認もらう
☐ Dプレゼン資料作成

~~B報告書~~
~~課長の承認もらう~~
Dプレゼン資料作成

　　終わったタスクには　　　　　　または、終わったタスク
　　　チェックを入れる　　　　　　　　に線を引く

Part 7-3 新しい仕事が発生したら何をやる？

すぐできるものをすぐやる

1日のなかの時間は、このような「あらかじめ予定した仕事をやる」時間ばかりではありません。その日に新しく生まれる仕事もあります。ときには、「予定していた仕事」と「今日新しく生まれた仕事」のどちらを優先すべきか、迷うこともあると思います。

時間管理では、計画を実行するのは大事なことです。ですから、事前に計画したことはできるだけ実行していくようにしていきます。しかし、もう1つ大事なことがあります。計画をあまり複雑にしすぎないことです。そのためには、すぐに終わるような仕事は、溜め込まないほうがいいのです。

たとえば、2、3分あれば終わるような仕事まで、すべて翌日以降に回していると、「時間の地図」のなかのタスクはどんどん増えてしまいます。これが増えすぎると、計画がゴチャゴチャしてきますし、1日の仕事量がわかりにくくなってしまいます。

ですから、その場でやれる仕事は、すぐに片付けてしまう習慣も大事なんです。そうすると、いつもスッキリした計画で過ごすことができます。そのためにも、最初から目一杯のタスクを詰め込まないようにして、その日の新しい仕事もやれる余力を残しておくことを考えておいてください*。

---

*余力を残すということは、日によっては、時間が余ってしまうこともあります。もし、その日に予定したタスクが終わっても、まだ時間が残っているようなら、翌日のタスクもやってしまいましょう。

後日やるアポイントやタスクを書く

　新しいタスクのうち、今すぐ実行できないものは、あとでやることになります。アポイントも同じです。これらは、必ず自分の「時間の地図」に書いておきます。タスクやアポイントは、意識して「すぐ書く」ようにしてください。1つのタスクやアポイントを書くだけなら、10秒間程度しかかかりません。10秒間あれば書けることを、後回しにしないようにしてください。このように、毎回、「すぐ書く」ことをくり返していると、それが習慣になってきます。

　Part 2で説明したように、アポイントは開始時間と終了時間がわかるように、線を引いて書いておきます。こうすることで、アポイント以外の時間が把握しやすくなります。

　また、タスクは、すぐに実行日を決めてしまい、その日付に書き込みます。「いつまでにやらなければいけない」という期限の日付ではなく、実際に自分が実行しようと思う日付に入れることがポイントでしたね。

　そして、このときに大事なことが、「クロスワードパズルの原則」です。「縦の視点」つまり、その日の仕事量を考えることが必要です。タスクを追加するときだけではなく、アポイントを追加するときにもこれを考えてください。アポイントを増やすと、タスクに使える時間が減ってしまうことも忘れてはいけません。

　そして、場合によってはタスクの日付を変えるなどの調整も必要かもしれません。ここで少し手間はかかりますが、こうしておけば、実行可能だと自信を持てる計画ができるのです。

Part 7-4 予定が変更になったら何をやる?

緊急の仕事が発生した!

　仕事をしていると、突発的に緊急の仕事が生まれることもあります。そんな緊急な仕事は、何かのトラブルが原因のことも多いですから、ついあわててしまいがちです。しかし、こういうときほど、落ち着いて行動してください。

　まず、大事なことは、その緊急な仕事について正しく状況をつかみ、何をすべきか判断することです。そして、それと並行して、今日やるつもりだったアポイントやタスクを、明日以降に延期しても大丈夫か判断します。これらをつかめなければ、どちらの仕事を優先すべきか判断できません。どちらを優先するかは状況しだいですが、必ず「時間の地図」を見てから決めるようにしてください。

　「時間の地図」をしまいこんでいると、ついつい確認を忘れてしまいますから、普段から見やすく置いておく習慣は、こういうときにも役に立ちます。

予定したタスクが終わらなかった!

　他にも予定を変更しなければいけない場合があります。予定していたタスクが、最初の読み通りに終わらなかった場合です。どちらの場合も、その日に予定したタスクが終わらないという意味では同じです。こういう場合には、「今日残業するか?」それとも「明日に回すか?」という判断が必要になりますね。

「残業か?」、「明日にするか?」で迷うときには、明日の仕事量も見てから判断してください。明日の仕事が少なくて、時間的に余裕があるのならば、今日の仕事を明日に回しても構いません。

　しかし、もし明日の仕事が今日以上に込み合っているのなら、明日には回せません。残業する、どれかのタスクをやめる、という選択肢も含めて、やり方を考えなければいけません。「明日の自分」が忙しいなら、今日のうちにがんばっておかないといけないわけです。「今日の残業は、明日の自分と相談して決める」という感じですね。

周りの人の予定が変更になった!

　予定が変更になるのは、自分のことだけとは限りません。たとえば、上司のスケジュールが変更になった場合、もしかしたら、それが自分の仕事に影響するかもしれません。

　たとえば、自分の予定のなかに、上司の承認をもらってから提出する仕事があった場合、肝心なときに上司がいなければ困りますよね。ですから、上司の出張の予定などが変わったときには、それに応じて自分のスケジュールを変えるべきかどうか、チェックしておいたほうがいいんです。また、普段から、上司が不在の日をメモしておく習慣をつけておくと、いざというときに役に立ちます。

Part 7-5 アクティビティが発生したら何をやる?

「段取り」は早めにやっておく

　仕事のなかには、「タスク」と呼ぶには大きすぎるものもあります。Part 3、Part 4に出てきた「アクティビティ」です。こういう仕事は、実行する前に「段取り」が必要でしたよね。もし、仕事のなかでアクティビティが発生したら、その「段取り」だけは早めに済ませておくことが大事です。それほど急がないアクティビティであってもです。

　その理由の1つは、アクティビティの段取りを行ってみると、確認しておくべきことや、誰かに質問したいことが出てきたりするからです。こういうのは、自分ひとりでは解決できない問題ですから、必ずしも自分の都合に合わせて実行できるとは限りません。先に段取りを済ませておけば、人に頼んだり、聞いたりすることを前もって済ませることもできますから、結果的に仕事がスムーズに、素早く終わるようになります。

　もう1つの理由は、アクティビティは「段取り」を済ませないと全体でどのくらい時間がかかるかイメージしにくいからです。たとえば、2日間あれば終わるだろうと思った仕事も、実際に段取りしてみると、もっと長くかかりそうだと気づくかもしれません。早めに気づけば余裕で対応できますが、気づくのが遅いと、期限前にバタバタしてしまうことになります。

　アクティビティの大きさにもよりますが、たいていの仕事は、10分程度もあれば段取りがほぼできてしまいます。この10分間を惜しんだ

ために、あとで困ったことになる場合もありますから、急がないアクティビティであっても、「段取り」だけは、早めに済ませてしまうのが上手な仕事の進め方なんです。

タスクやアポイントを「時間の地図」へ

Part 4で説明したように、段取りは「料理型」、「買い物型」どちらを使っても構いません。大事なのは、「段取り」の結果として出てきたタスクやアポイントを、必ず自分の「時間の地図」に書くことです。

どんなにうまく段取りしても、その結果が普段のスケジュールのなかに入っていなければ、実行を忘れてしまうかもしれません。ですから、忘れないうちに書いてしまってください。

このときに、もし、段取りが複雑になりそうなら、先に段取りを考えておいてから「時間の地図」へ書き込むと使いやすいです。また、段取りが単純そうなら、直接「時間の地図」へ書き込みながら考えていっても構いません。

さらに、実行に何週間、あるいは何か月もかかるような大きな仕事、つまり、プロジェクトの場合は、Part 6で説明した「プロジェクトの地図」に、その内容を書き込んでおきます。この場合は、まず、「プロジェクトの地図」に情報をまとめておき、後日、それを「時間の地図」に、タスクやアポイントとして書くことになります。

Part 7

6 仕事があふれそうなときに何をやる?

仕事が多すぎて困る場合には?

　「時間の地図」を見ながら、「この日は時間が足りるかな?」という意識を持てば、仕事量が多過ぎる日を見つけて対応することができます。しかし、全体的に仕事量が多すぎるならこの方法では調整し切れませんから、別の方法が必要になります。

　仕事量が多過ぎる状況を解消する方法の1つは、仕事の能率を上げることです。仕事の手順を見直してみたり、パソコンの使い方を工夫して仕事の一部を自動でできるようにしたり、ということです。

　…とはいっても、こういうのは、困ったときに急にやろうとしても、うまくいきませんよね。普段の積み重ねが大事です。ですから、他の方法も必要です。

ときには「任せる」「断る」ことも必要

　そこで、あと2つの方法があります。1つは、一部の仕事を他人に任せること、そしてもう1つは、一部の仕事を断ることです。

　使える時間の量に限界がある以上、頼まれたことのすべてをやれるとは限りません。ですから、任せたり、断ったりすることも、自分の仕事を管理するという意味で、責任を持ってやらなければいけないことなのです。

　あなたは、頼まれたからといって、自分がやれる以上の仕事を抱え込んでしまうことはないでしょうか? 　もし、ときどきそうなるのなら、気をつけてください。

頼まれたからといって、なんでも引き受けるのは、親切なようでいて、無責任な行動になってしまう場合もあります。すべてをやろうとして仕事が遅れてしまうよりも、仕事の件数を減らして確実に実行するほうが、結果として周りの人も助かるのです。任せたり、断ったりすることに、あまりためらわないようにしてください。

　ただし、このときに、1つ気をつけるべきことがあります。人に任せるにしても、仕事を断るにしても、期限ギリギリにやってしまうと相手が困ります。つまり、できるだけ早めに決断することが相手のためなのです。もちろん、自分のためでもあります。

　ですから、新しいアポイントやタスクが発生した時点で「時間の地図」を見ること。そして、無理な状況があれば早く気づくことが大事です。それによって、「任せる」「断る」といった判断を、より早く下せるようになります。

> ワンポイント解説
>
> ### 仕事を任せる・断る判断基準
>
> 　仕事を人に任せる、仕事を断る、といっても、自分の主観だけで決めてはいけません。たとえば、みんなが「嫌いな仕事だから人に任せる」「苦手な仕事だから断る」と行動したら、仕事は大変なことになってしまいます。
>
> 　仕事を人に任せるべきか、断るべきか、ということを考えるときには、できるだけ客観的に（第三者的な視点で）判断してください。組織全体のことを考えて判断する、という感じです。自分勝手にならないためには、こういう視点も必要なのです。

Part 7

時間があいたときに
何をやる?

「プロジェクトの地図」を見る時間をつくる

　仕事のなかでちょっとだけ時間があいたときや、仕事と仕事の切れ目などに、ぜひやったほうがいいことがあります。それはPart 6で説明した、「プロジェクトの地図」を見るという習慣です。

　長期的な目標を達成するためには、普段から意識して長期スケジュールを見ること、そして、それを毎週のスケジュールと連携させていくことがとても大事です。

　しかし、週ごとのスケジュールは毎日見るものですが、長期スケジュールは普段は見るのを忘れてしまいがちです。そうならないように、1日1回は「プロジェクトの地図」を見ることを習慣にしてください。

　「時間の地図」と「プロジェクトの地図」の両方を見ながら、「プロジェクトが計画通り進んでいるか」、「プロジェクトの項目が、今週や来週の計画に入っているか」ということを確認する習慣が身につくと、長期的な目標を達成するためのとても大きな力になります。1日1分間でも構いませんから、見るように心がけてみてください。

　人は基本的に、長期よりも短期のことに気をとられがちなものです。意識して長期的視点を持つようにすることが、後々大きな差を生むのです。

明日のスケジュールを見る

　仕事が終わって「帰ろうかな」というときにも、やっておくといいことが1つあります。それは、明日のタスクとアポイントを確認することです。

　この本で紹介した方法で「時間の地図」を使っていれば、今日の終わりの時点では、明日のアポイントやタスクは明確になっています。帰る前にそれを確認しておけば、明日の仕事も「時間が足りる」「やれる」という確信が持てます（もし、ここで確信が持てないなら、タスクやアポイントの詰め込みすぎです）。

　これを確認するのは、たいした時間はかかりません。しかし、その効果は絶大です。明日の仕事が「大丈夫」と思えると、安心感が持てます。そのおかげで、プライベートの時間に仕事のことを安心して忘れられるのです。つまり、仕事とプライベートの切り替えが上手になるということです。

　仕事を安心して忘れるために、あえて明日のスケジュールを確認するというのは、ちょっと不思議な感じがするかもしれません。でも、実行してみると気分もスッキリします。ぜひ、試してみてください。

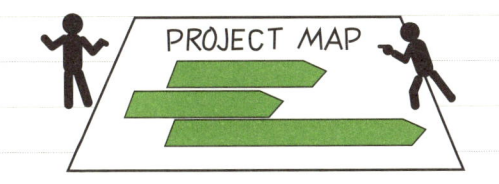

Part 7 まとめ

「時間の地図」を使った時間管理を実践する

まず、朝一番にやること

*まず手帳を開く
　1日のスタートは、まず今日のやるべきことの確認から

*手帳は開いたままにしておく
　「時間の地図」である手帳は、いつでも見られるように常に開いて置いておく

仕事を片付けながらやること

*タスクのスタート前に時間を意識する
　タスクの所要時間を予想し、終わらせる目標時刻を決める

*終わったタスクにはチェックを入れる
　タスク完了、未完了が一目でわかるようにしておく

新しい仕事が発生したらやること

*すぐできるものをすぐやる
　すぐ終わる仕事を翌日に回さない
　計画を増やしすぎないことも、上手な管理のコツ

*後日やるアポイントやタスクを書く
　アポイントもタスクも、「すぐ書く」ことが重要
　10秒間もあれば書けることを後回しにしない
　「クロスワードの原則」で、仕事量を考えること

予定が変更になったらやること

* **緊急の仕事が発生した!**
  まずは、状況をつかむこと。「時間の地図」を見ながら判断する

* **予定したタスクが終わらなかった!**
  残業するかどうかは、「明日の自分」と相談する

* **周りの人の予定が変更になった!**
  自分の予定を変えるべきかどうか、確認する

アクティビティが発生したらやること

* **「段取り」は早めにやっておく**
  急がない仕事も、段取りだけは早めに
  10分間の段取りを惜しむと、仕事の効率がかえって悪くなる

* **タスクやアポイントを「時間の地図」へ**
  アクティビティも、プロジェクトも、最終的には「時間の地図」へ

仕事があふれそうなときにやること

* **仕事の能率を上げる**
  仕事の能率を上げるには、普段の積み重ねが大事

* **ときには「任せる」「断わる」ことも必要**
  確実に実行するためには、仕事の件数を減らすことも必要
  人に任せるのも、断わるのも、責任を持ってやること

時間があいたときにやること

* **「プロジェクトの地図」を見る時間をつくる**
  1日1回1分間でもいいから、「プロジェクトの地図」を確認する
  必要な項目が「時間の地図」のほうに入っているか確認する

* **明日のスケジュールを見る**
  帰る前に、明日のアポイントやタスクを見ておくと、明日の仕事も「時間が足りる」「やれる」という確信が持てる

column 7

グループウェアとの
つきあい方

グループウェアとの便利さと不便さ

　時間管理のためのツールである「時間の地図」には、手帳を使っても、パソコンを使っても構いませんが、手帳のほうが使いやすいと感じる人が多いようです。パソコンの時間管理ツールの多くは、アポイントだけを管理することを前提としているため、タスクの管理にはあまり向いていないです。

　しかし、パソコンならではの便利な使い方もあります。それがスケジュールを共有する機能です。それを行うためのソフトウェアに「グループウェア」と呼ばれるものがあります。グループウェアには、複数の人のスケジュールを確認して、会議などのアポイントを設定するとても便利な機能があります。ただし、グループウェアも、タスク管理には向いていませんので、使い方を工夫する必要があります。

グループウェアとのつきあい方❶

　グループウェアへの対処法の1つは、「時間の地図」には手帳を使い、アポイントだけは、手帳とグループウェアの両方に書き込む方法です。こうすれば、手帳を「時間の地図」にして、アポイントとタスクを1つにまとめることができます。

　この場合、アポイントに関しては、手帳とグループウェアで一致していなければいけません。ですから、グループウェアに入ってきたアポイントは手帳にも書き込み、手帳に書き込んだアポイントは、グループウェアにも入れておくようにします（こうしないと、他の人に違う

アポイントを入れられてしまうことがあるかもしれません)。そんな手間がかかってしまいますが、あまり無理のない、おすすめの方法です。

グループウェアの使い方❷

2つめの対処法は、アポイントをグループウェアで管理し、タスクを日付別のリストで管理する方法です（タスクは必ず日付別に分けてください）。こうすれば、アポイントを書き写す手間はなくなります。

ただし、この場合には「時間の地図」の情報を1つにまとめることができませんから、注意が必要です。もし、アポイントを見ずにタスクを追加したり、タスクを見ずにアポイントを追加したりしてしまうと、実行しきれない計画ができてしまうかもしれないのです。ですから、こういう使い方をする場合には、グループウェアとタスクリストは、必ず両方を一度に見るように、常に意識する必要があります。

グループウェアの使い方❸

3つめの対処法は、タスクもアポイントと同様に、時間を決めてグループウェアに入れてしまう方法です。こうすると、「時間の地図」はグループウェア上で、1つにまとめることができます。

ただし、この場合には、所要時間が短いタスクをインプットするのが面倒だったり、タスクが多いと見づらくなることがあります。また、タスクが完了したかどうかを区別することができないという問題もありますから、タスクの件数が多い人には向かない方法です。

Part 8

「先延ばしグセ」への ちょっと意外な対処法

Part 8-1 先延ばしグセに困っていませんか？

「先延ばしグセ」に困っていませんか？

「この日にこのタスクをやる」、そう決めたはずなのに…。

なかなかやる気が出なくて、ついつい実行を先延ばしにしてしまう。結局、期限ギリギリになってあわててやり始める。こういう話を聞くと、「あるある」と感じませんか？

こういう行動は、「先延ばしグセ」と呼ばれています。ちゃんと名前がついているくらいですから、このクセに悩んでいる人はけっこう多いということですね。

この先延ばしグセには、

「やらなければあとで困る、とわかっていても行動できない」

「でも、追い込まれると（期限ギリギリになると）行動できる」

という特徴があります。しかし、いくら期限に間に合うからといって、いつもギリギリに行動するのは計画的とはいえませんし、ずっとそんなだと、疲れてしまいますよね。

なんとかして、この先延ばしグセを減らしたい、という人も多いと思います。あなたはどうですか？

もし、あなたも、このような先延ばしグセを感じることがあるなら、次の質問について、ちょっと考えてみてください。

わかっちゃいるけど・・・
やれないのはなぜ？

　もし、あなたの友人がこんなふうに言っていたら、あなたはどう思いますか？

　「この仕事、やらなきゃいけないのはわかってるんだけど、でも、なかなかやる気がでなくって…」

　あなたは、こんなふうに思うかもしれませんね。
　「先延ばししても仕事がなくなるわけじゃないし、さっさとやっちゃったほうがスッキリするんじゃない…？」
　あるいは、「早めに始めたほうが、あとでバタバタしないですむよ」「もし、期限に間に合わなかったら大変なことになるよ」と思うかもしれません。
　これらの考え方は、正しくて合理的な考え方です。ところが、人は自分のこととなると、「それはわかっていても、先延ばししたい」と感じることがあります。先延ばしグセって、ちょっと不思議ですよね。

　では、この先延ばしグセを克服するために、まずは、先延ばしグセがなぜ起こるのか？　について知ることから始めていきましょう。

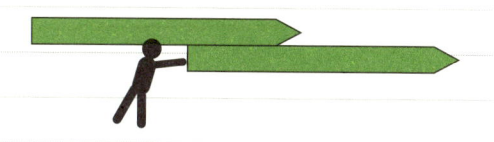

Part 8 「先延ばしグセ」へのちょっと意外な対処法

Part 8
2 なぜ先延ばしグセは起こるのか？

「先延ばし」の正体

「この仕事は絶対やらなきゃ」と決意したはずなのに、いざ仕事を目の前にすると、どうしても「やりたくない」と思ってしまう…。というのが、先延ばしグセの典型的なパターンです。

これ、好きな人に告白するかどうか迷うのと似ていませんか？　「告白しよう」と決意したはずなのに、いざ相手を目の前にすると、断られるのがこわくて言い出せない。そんな2つの思いの間で、迷っている状態ですね。

こういう迷いのことを、心理学では「接近－回避の葛藤」と呼びます。相手に近づきたい。でも断られるのがこわい。だから、近づくか離れるかで迷い、どちらにも決断しきれないのです。

実は、仕事の先延ばしグセも、これと似ています。仕事の場合は、それを「やろう」という思いと、「（いまは）やりたくない」という思いの間で、いったりきたりをくり返すわけですね。

もっと早く行動するためには？

でも、不思議なこともあります。仕事を先延ばししてしまう人も、その期限が迫ってくると、実行できるようになります。これはなぜなんでしょうね？

実はこれ、「やろう」という思いと「やりたくない」という思いのバランスが変わるためなんです。

まず、期限までに余裕がある時点では、「やろう」という思いよりも、

「やりたくない」という思いが強いので、行動を起こせません。しかし、期限が迫ってくると、「やろう（やらないとまずい）」という思いが強くなってきます。そして、2つの思いの強さが逆転すると、行動を起こし始めるというわけです。

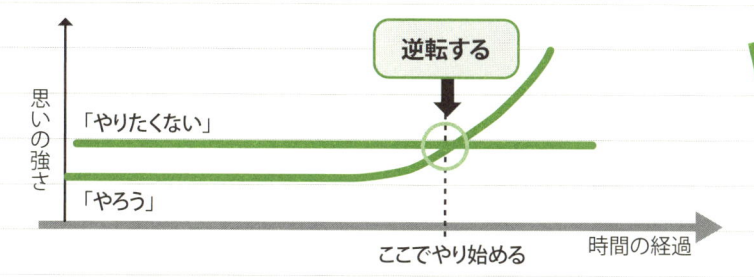

図：縦軸「思いの強さ」、横軸「時間の経過」。「やりたくない」と「やろう」の2本の線が交差する点で「逆転する」、そこが「ここでやり始める」ポイント。

では、これらの思いを少し変化させると、どうなるでしょうか？　下の図のように、「やろう」を少し強めたり、「やりたくない」を少し弱めたりするだけでも、逆転するポイントは早くなります。少しの思いの変化が、先延ばしグセを軽くしてくれるのです。

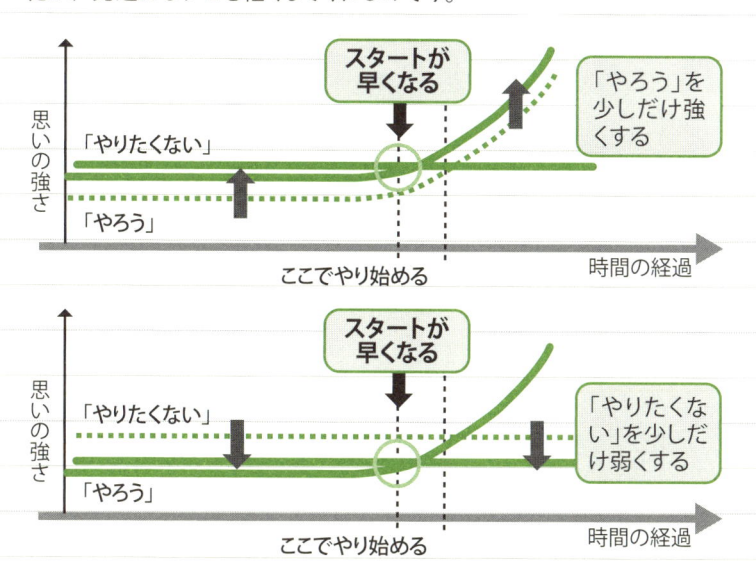

図：「やろう」を少しだけ強くする→スタートが早くなる

図：「やりたくない」を少しだけ弱くする→スタートが早くなる

Part 8
3 「時間の地図」で先延ばしが防げる
2つの理由

先延ばしグセを改善する「時間の地図」

　実は、本書で紹介してきたような時間管理は、先延ばしグセの改善に効果があります。特に、大きな仕事を段取りして細かいタスクにすることが、とても有効なんです。

　これを、食べものの例で考えてみましょう。たとえば、「10日後までに1パック（10個）の卵を食べ切る」という仕事があったとしましょう。この仕事、「期限は10日後」と思うと、ずいぶん余裕があるように感じませんか？　そして、余裕があると思うと、「今日はまだやらなくていいか」と、先延ばしになってしまいがちです。

　これを「卵を1個食べる」というタスクに分解して、1日1つずつ、10日間に分けるだけでも、先延ばしグセは弱くなります。

　実は、この手法は「スイスチーズ法」とも呼ばれていて、時間管理手法の定番アイテムとして、よく紹介されています。チーズに少しずつ穴を開けていけば、最後は楽に食べきれるという例え話があるので「スイスチーズ」なんです*。

　こうすると先延ばしが減る理由は、2つあります。1つは、大きな仕事を1個ずつのタスクに分解すると、期限が変わることです。10日後の期限が、1日ごとの期限に変わります。そうすると「今日はここまで

---

*スイスチーズの穴は、本当は人が開けたわけではなく、なかで発生したガスが原因です。

仕事を分解すると、先延ばしが減る

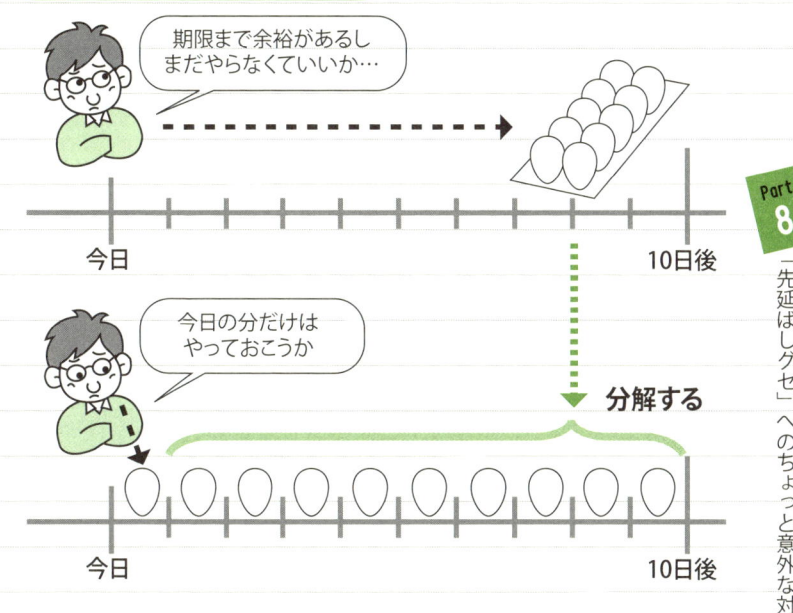

期限まで余裕があるし
まだやらなくていいか…

今日　　　　　　　　　　　　　10日後

今日の分だけは
やっておこうか

分解する

今日　　　　　　　　　　　　　10日後

はやろう」という思いが強まるんです。

　もう1つの理由は、仕事量の感じ方が変わることです。「10個食べなきゃ」と思っていたのを、「今日は1個だけ」に変えると、目の前にある仕事の量が減ります（もちろん、トータルでは同じですが）。これで「（いまは）やりたくない」という思いが、弱まるのです。

　Part 6までに説明したきたようなやり方で、プロジェクトやアクティビティなどの大きな仕事を分解していくことは、これと同じ効果が得られるようになっています。「時間の地図」を先延ばしグセを減らすためにも活用してみてください。

Part 8 - 4

先延ばしグセを左右する
4つの考え方

先延ばししようとする考え
先延ばしを防ぐ考え

このように、先延ばしグセには「時間の地図」が効きます。そして、その効果をさらに高めるためには、先に説明した思いについて、もう少しくわしく知っておくと、いろいろ応用が効きます。

先ほど説明した、「やろう」と「やりたくない」の2つの思いは、未来と、いま（現在）に関連しています。未来の結果のために「やろう」という思いと、いまの気分を重視した「やりたくない」という思いです。

そして、この2つの思いは、それぞれ、さらに2つに分けることができます（合計で4つになります）。

「未来志向」＝やろう：行動を起こしたい思い
- 「（いつか）やらないとまずい」という思い
    （期限を守らないといけない）
- 「（いつか）やれたらうれしい」という思い
    （目標を達成したい、終わって解放されたい）

「いま志向」＝やりたくない：いま楽をしたい思い
- 「（いまは）やりたくない」という思い
    （イヤなこと、面倒なことは避けたい）
- 「（いまは）ほかのことをしたい」という思い
    （違うこと、もっと楽なことに流されてしまう）

未来志向の思いといま志向の思い

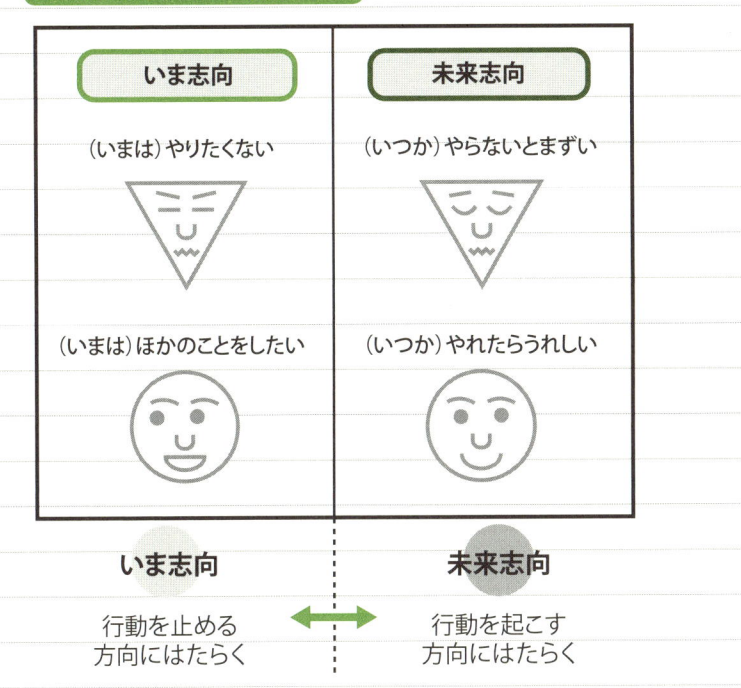

いま志向	未来志向
(いまは)やりたくない	(いつか)やらないとまずい
(いまは)ほかのことをしたい	(いつか)やれたらうれしい

いま志向
行動を止める
方向にはたらく

⬅➡

未来志向
行動を起こす
方向にはたらく

　計画を立てて行動することは、基本的に「いま志向」を「未来志向」に変える効果があります。しかし、計画を立てても、なかなかやる気持ちになれないときもあります。そんなときには、ここにあげた2つの「未来志向」を強め、2つの「いま志向」を弱めるために、少し考え方を変えたり、工夫をしてみることが役に立ちます。

　では、次に、そのための4つの考え方とテクニックを紹介していきましょう。

Part 8
5 先延ばしグセを防ぐための考え方
（強める編）

先延ばしグセを防ぐ考え方①
未来志向・つらい系：「(いつか)やらないとまずい」を強める

「やらないとまずいことになる」という自覚を持つことは先延ばしグセを減らします。そのためには、先のスケジュールのことを考えるのが効果的です。

しかし、人は楽なほうに流されがちな面がありますから「やりたくない」タスクが書かれた「時間の地図」から目をそらしたくなることもあります。そうなりそうなときは、「時間の地図」を意識的にじっくり見るのが効果的です。手をとめて、時間をかけてじっくりながめてみてください。そうすると不思議と「やらなきゃ」という気持ちが起こってくるのです。

(いつか)
やらないとまずい

先延ばしグセを防ぐテクニック

▶その仕事の資料などを意識的にみる

▶スケジュール（時間の地図）を意識的に見る

▶もし、今日も、明日も、明後日も…これをやらなかったとしたら、どうなるのだろう？と考えてみる

▶もし、この仕事が遅れたら…、誰に、どんな迷惑をかけることになるか想像してみる

先延ばしグセを防ぐ考え方②
:「(いつか)やれたらうれしい」を強める

「今はやりたくない」仕事は、逆に「やれたらうれしい」ものです。この思いも先延ばしグセに対抗する手段になります。

先延ばししてしまいそうな仕事がある場合には、手をとめて、その仕事が終わったあとに、どれだけスッキリした気分になるか想像してみてください。先延ばししたい仕事ほど、終わったときにはスッキリします。その気分を想像することが「やれたらうれしい」を強めてくれるのです。

また、仕事を終えたあとに、なにか楽しい予定を入れておくのも効果があります。

「これが終わったら映画のDVDを見よう」「これが終わったらあのワインを開けよう」などのちょっとした「自分へのごほうび」です。

(いつか)
やれたらうれしい

先延ばしグセを防ぐテクニック

▶その仕事が終わったあとのスッキリした気分を想像する

▶仕事を早く終わらせて帰ることを想像する

▶仕事が終わったときの、「自分へのごほうび」を決めておく

▶その仕事が終わったときに、喜んでくれる人のことを考える

Part 8-6 先延ばしグセを防ぐための考え方
(弱める編)

先延ばしグセを防ぐ考え方③
:「(今は)やりたくない」を弱める

「やりたくない」という思いを弱めることも先延ばしグセを減らします。これには仕事の分解がとても役に立ちます。たとえば、「1パックの卵」を食べ切るのは大変でも、「今日は1個」でいいならだいぶ楽です。これで「やりたくない」という思いが弱まります。

もし、タスクを先延ばししそうなときには、普段よりもタスクを細かく分解してください。もし「時間の地図」に入りきらないなら、他の紙に細かく書きます。そして、それを1つでもいいから進めてみてください。少しでも手をつけてしまうと「やりたくない」は弱まります。そうするとさらに次の段階に進む気持ちがわいてくるのです。

(いまは)やりたくない

先延ばしグセを防ぐテクニック

- ▶仕事を細かく分解して、最初の1つだけをやることを考える
- ▶とにかく、5分間だけやってみる
- ▶その仕事の準備だけでもはじめてみる
- ▶「もし、失敗してもどうってことない」と考える
- ▶「完璧にやらなきゃ」と、気負いすぎない

先延ばしグセを防ぐ考え方④
:「(今は)ほかのことをしたい」を弱める

　人は「やりたくない」という思いから目をそらすために、他のことを始めてしまうことがあります。たとえば、試験勉強をしなければいけない夜に、部屋の掃除を始めるなんていうのもそうですね。

　「ほかのことをしたい」という思いを弱めるには、「ほかのこと」が目につかないようにするのが効果的です。たとえば、目につく書類はしまっておく、仕事の区切りがつくまではメールやインターネットのチェックは禁止にする、などがあります。この思いはいつ起こるかわかりませんから、きっかけになるものは遠ざけておくのがポイントです。

（いまは）
ほかのことをしたい

先延ばしグセを防ぐテクニック

▶まず、1時間は席を立たないと決める

▶「気になるもの」を隠すことを考える
　気になる書類が目につかないよう片付ける
　メールソフトを閉じる
　ブラウザ（インターネット用のソフト）を閉じる

▶その仕事の資料だけを持って、会議室やカフェにこもる（他のことができない場所で仕事をする）

Part 8 「先延ばしグセ」へのちょっと意外な対処法

Part 8-7 先延ばしグセと上手につきあう裏ワザ

集中力が高まる効果を利用する

　ここまでは、先延ばしグセを弱めるための方法を説明してきました。しかし、先延ばしにはいい面も少しあります。仕事の期限が迫ってくると、その仕事への集中力が高まることって、ありますよね。これが先延ばしのいい面です。この集中力を高める効果を逆に利用した、ちょっと裏ワザ的な「先延ばしとのつきあい方」もあります。

　たとえば、先延ばししそうな仕事に早めに手をつけたのに、どうしてもうまく集中できなかったり、いいアイディアが浮かばなかったりする。そんな場合には、思い切っていったんその仕事をやめてしまうのも、1つの手です。その代わりに、細かい仕事も含めて、他のタスクをどんどん片付けていきます。メールや電話など、連絡を取らなければいけない用件も先手を打って片付けます。

　こうやっておけば、あとで仕事のジャマが入らなくなりますし、そんな細かい仕事を片付けているうちに、最初の仕事のためのいいアイディアがひらめくこともあります。

　そして、期限がせまってきたら、最初の仕事に戻って集中します。もし、この時間に他の仕事や電話が入ってくると、かなりジャマになるはずです。しかし、仕事のジャマになりそうな用件を前もって片付けておいたので、いつもより安心して仕事に集中できる、そんな利点もあります。

こういうやり方で、集中力を高めて仕事に取り組むこともできるんです。ある意味では、先延ばしグセを利用する方法ですね。

　ただし、この方法は、自分へのプレッシャーが高まりますし、もし、何かトラブルが発生したりすると、本当に期限に間に合わなくなってしまうなど、危険な方法でもあります。実行する場合は、充分注意して行ってください。

　特に注意しなければいけないのは、この方法は、期限ギリギリになってしまいがちなので、もし仕事のスタートが遅れると取り返せないことです。ですから、いつスタートすれば間に合うか、という見極めに自信がない場合、たとえばあまり経験のないタスクの場合は、やらないほうがいいでしょう。

> ワンポイント解説
>
> **集中できる時間を確保する**
>
> 　ここでは、仕事のジャマが入らないように、細かい仕事を先に片付けておく、という手法を紹介しました。これは、先延ばしグセのあるなしにかかわらず、仕事の能率を上げるために役に立つやり方です。
>
> 　もっと積極的に、集中する時間を作っている企業もあります。よく知られているのが、下着メーカーのトリンプの「がんばるタイム」です。1日2時間の「がんばるタイム」の間は、電話や会話も一切禁止と徹底しています。この時間帯に集中したい仕事をやれば、能率が上がるというわけです。ここまではできないにしても、「集中したい時間帯にはメールを見ない」などの、自分なりの「がんばるタイム」を作ってみてはいかがですか？

Part 8 まとめ

先延ばしグセを防ぐための考え方

「やろう」を強める

（いつか）やらないとまずい

先延ばしグセを防ぐテクニック
- その仕事の資料などを意識的にみる
- スケジュール（時間の地図）を意識的に見る
- もし、今日も、明日も、明後日も…これをやらなかったとしたら、どうなるのだろう？と考えてみる
- もし、この仕事が遅れたら…、誰に、どんな迷惑をかけることになるか想像してみる

（いつか）やれたらうれしい

先延ばしグセを防ぐテクニック
- その仕事が終わったあとのスッキリした気分を想像する
- 仕事を早く終わらせて帰ることを想像する
- 仕事が終わったときの、「自分へのごほうび」を決めておく
- その仕事が終わったときに、喜んでくれる人のことを考える

「やりたくない」を弱める

(いまは)
やりたくない

先延ばしグセを防ぐテクニック

- ▶仕事を細かく分解して、最初の1つだけをやることを考える
- ▶とにかく、5分間だけやってみる
- ▶その仕事の準備だけでもはじめてみる
- ▶「もし、失敗してもどうってことない」と考える
- ▶「完璧にやらなきゃ」と、気負いすぎない

(いまは)
ほかのことをしたい

先延ばしグセを防ぐテクニック

- ▶まず、1時間は席を立たないと決める
- ▶「気になるもの」を隠すことを考える
  - ・気になる書類が目につかないよう片付ける
  - ・メールソフトを閉じる
  - ・ブラウザ(インターネット用のソフト)を閉じる
- ▶その仕事の資料だけを持って、違う場所へ行く(他のことができない場所で仕事をする)

Part 1〜7までに紹介した

・仕事を段取りして分解すること

・分解したタスクの実行日を決めること

・「時間の地図」に書くこと
　　それを見ること (先のことを想像すること)

というテクニックが、
「先延ばしグセ」を弱めるためにも効果的!

Part 8 「先延ばしグセ」へのちょっと意外な対処法

column ⑧

北風も太陽も
活用してしまおう

　先延ばしグセ…やっかいですよね。よほど意志が強い人か、よほどやりたいと望むことでない限り、誰でも先延ばしグセを感じることはあるのではないでしょうか。
　そして、この先延ばしグセは、あくまでも自分自身の心のなかの問題です。だからこそ、難しいんですね。

　先延ばしグセをきれいさっぱり無くしてしまうことは、もしかしたら、不可能に挑戦するようなものかもしれません。私もいまだに先延ばしグセを感じることはありますよ。
　だからこそ、先延ばしグセをできるだけ防ぐために、いろいろ工夫しているんです。
　むしろ、「先延ばしグセは治らない」と思うことが、先延ばしグセで困らないための秘訣なのかもしれません。

　「先延ばしグセは治せる」と思っていると、先延ばししてしまったときに、「これじゃダメだ」とか、「今度こそ、ちゃんとしよう」とか、「気持ちを入れ替えてがんばろう」のように、反省したくなります。しかし、そういう反省は、しばらくの間は続きますが、なかなか長続きしないものです。
　それよりも、いろいろな方向からアプローチして、少しずつ改善するほうが、ずっと効果的です。それが、このPartで紹介した、「4つの思い」です。

この４つの思いのなかには、あなたが、これまでにあまり意識したことのないものもあったと思います。人が行き詰ったときの思考は、一定のパターンに片寄りがちです（私もそうです）。ですから、４つのパターンを知っておき、それを意識して使ってみると、思わぬところから突破口がひらけることもあるんです。本当に、思ってもみなかったことが、意外に効果があるかもしれませんよ。

　イソップ童話に出てくる、「北風と太陽」の話をおぼえているでしょうか。あの話では、北風が負けて、太陽が勝ちました。でも、先延ばしグセを減らすためには、「４つの思い」が競争しているわけではありません。「４つの思い」の合わせ技で立ち向かえばいいのです。
　「がんばらなきゃ」とか、「やらなきゃ」という、一途な思いも大事ですが、それ以外の思いにも目を向け、あの手この手で先延ばしグセに立ち向かっていってください。

　もちろん、先延ばしグセに効果がある、「時間の地図」も活用していってくださいね。

Part 9

時間バランスで使い方を見直す

Part 9
1 後悔しないために
時間のバランスを考える

仕事とプライベートの「時間のバランス」

ここまでは、「時間の地図」を使って計画を立てたりする手法を中心に紹介してきました。説明してきたように、毎日のアポイントやタスクについて、「計画を立てる」「見直す」「実行する」ことを習慣にしていくと、時間の使い方は上手になってきます。

それができるようになってきたら、もう1つの大事なこと、「時間のバランス」についても考えてみてください。1つ1つのアポイントやタスクの計画を考えるのとは違い、自分の時間全体を見て、そのなかのバランスについて考えることも、大事なことなんです。

「時間のバランス」と聞くと、まず思い浮かべるのは、仕事とプライベートのバランスではないでしょうか*。この2つのバランスは、「ワーク・ライフ・バランス」という呼び方をされることもあります。

仕事とプライベートの時間のバランスには、「こうあるべき」という絶対的な決まりはありません。たとえば、好きな仕事にたくさんの時間を投入して没頭する人もいます。また、家族や趣味のために仕事の時間はほどほどに抑えたいという人もいます。あるいは、本業と副業の2つの仕事に時間を振り分けている人もいます。どのバランスも、本人が本当に望んでいるものであるなら、それは幸せな姿なのです。

---

*もしあなたが学生なら、学業と学業以外のこと（クラブ活動や趣味など）という切り分けが、これに相当します。

しかし、現在のバランスに不満を感じたり、納得できない部分があるのなら、そのバランスを自分の手で変えていくことを考えなければいけません。

　また、いまのバランスに納得できていたとしても、将来は少し変わってくるかもしれません。ですから、自分の時間のバランスを知り、それを変えるためにはどうすればいいか、知っておいてください。

短期と長期の「時間のバランス」

　時間のバランスには、別の見方もあります。たとえば、長期と短期という見方です。現在の収入を得るために働く時間が短期だとすれば、将来のキャリアアップのために勉強する時間は長期的な視点によるものです。

　あるいは、現在の顧客への対応（短期）と将来の顧客を見つける営業活動（長期）、次の新製品の開発（短期）と将来の新製品のための基礎研究（長期）、といった見方もできます。

　短期と長期のバランスについても、絶対的な決まりはありません。ただし、人は基本的に、長期よりも短期のほうに意識が向きがちです。「目先のことで忙しくなり、長期的にやろうと思っていたことができなかった」という経験は、あなたにもあるのではないでしょうか？　実は、多くの人が、同じような経験をしています。人には、もともとそういう特徴があるのです。ですから、将来後悔しないためにも、時間のバランスについて考えることは、大事なことなんです。

Part 9
2 時間バランスを
簡単に計算する方法

「時間の地図」を振り返って見てみる

「自分の時間バランスはどうなんだろう?」と考えるためには、まず、現状の時間の使い方を知る必要があります。人は、自分の時間の使い方やバランスについて、案外正確には知らないものですから、見直してみると必ず発見がありますよ。

時間のバランスを考えるときは、1週間単位で考えるとわかりやすいです。1日は24時間、1週間は168時間です。このなかに睡眠時間も含めた、1週間の時間のすべてがあります。

1週間のなかの1時間は約0.6パーセントに相当します*。ですから、時間数に0.6をかければ、全体のなかでの比率がわかります。たとえば、週に40時間勤務している人だったら、仕事時間は1週間の約24パーセントになります。案外、少ないと思いませんか?

通勤時間も、同じように計算してみてください。たとえば、片道1時間半、週5日の通勤なら、合計で約15時間、約9パーセントになります。こちらは、案外大きいと思いませんか?

他にも、睡眠時間や生活に必要な時間、自由になる時間も考えてみてください。普段はあまり意識しなくても、あなたはこういうバランスで時間を使っているのです。

---

*168分の1 = 0.00595… なので、パーセントにすると、約0.6になります。

自分の時間バランスを振り返ってみる

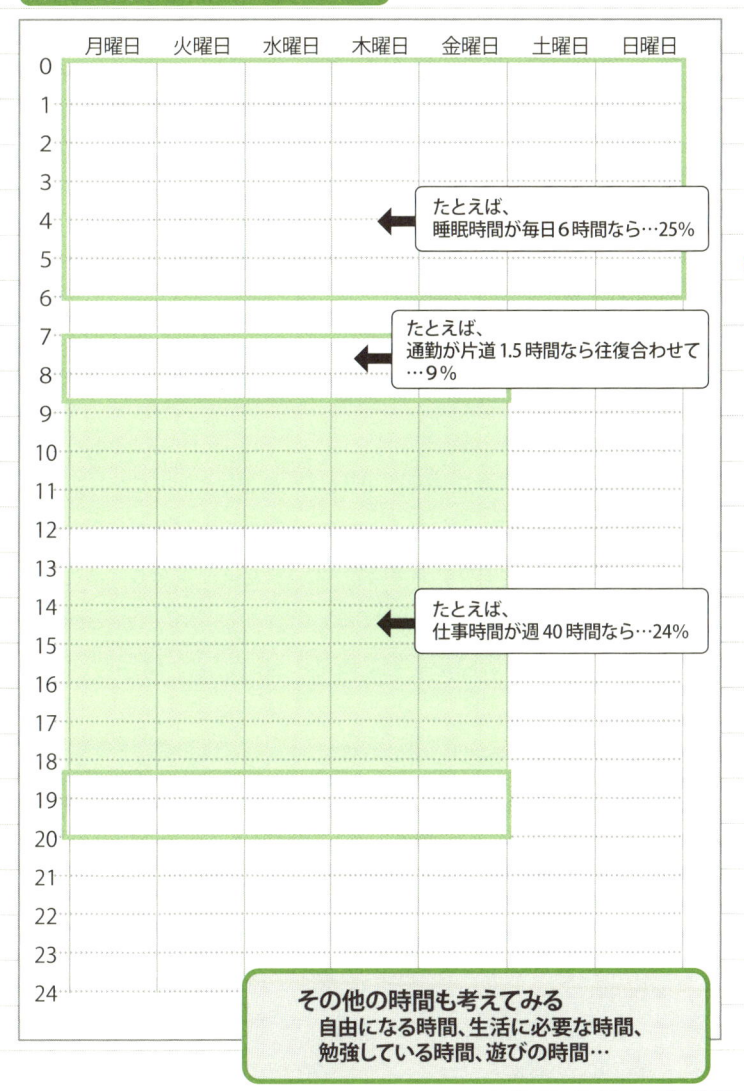

	月曜日	火曜日	水曜日	木曜日	金曜日	土曜日	日曜日
0							
1							
2							
3							
4							
5							
6							
7							
8							
9							
10							
11							
12							
13							
14							
15							
16							
17							
18							
19							
20							
21							
22							
23							
24							

← たとえば、睡眠時間が毎日6時間なら…25%

← たとえば、通勤が片道1.5時間なら往復合わせて…9%

← たとえば、仕事時間が週40時間なら…24%

その他の時間も考えてみる
自由になる時間、生活に必要な時間、勉強している時間、遊びの時間…

Part 9 時間バランスで使い方を見直す

Part 9-3 時間のムダを見つけて
効率をあげる

「仕事」のなかの
時間バランスを見る

　「時間のバランス」は、仕事時間のなかにもあります。それぞれのタスクの実行に使った時間を記録し、集計すれば、そのバランスを知ることができます。しかし、使用時間すべてを細かく記録するのは大変です。そこで、「時間の地図」で、簡単に記録を取ってみましょう。

　「時間の地図」のなかの時間の欄には、もともとアポイントが記入されています。これでアポイントに使った時間はわかります。それと同様に、それぞれのタスクを実行するときに（または、実行したあとに）、実行した時間を時間の欄に記入してみてください。アポイントと同じように、始まりと終わりの時刻を線で結ぶように書くと、使用時間が見やすくなります。

　アポイントは、もともと「予定の時間」であり、終われば「結果の時間」になります。タスクは、そのままでは「結果の時間」がわかりにくいので、記録を取るといいんです。

　この記録を取ると、1週間のなかの実際の時間配分が見えてきます。細かく調べるなら、仕事の内容別に分類し、時間を計算するのも効果的です。しかし、そこまでやらなくても、「時間の地図」に書き込んだものを振り返って眺めるだけでも、何か気づくことがあるはずです。

自分の時間の使い方を振り返ってみると、自分のイメージとは違うものが必ずあるはずです。思ったよりも時間がかかっている仕事もあれば、思ったほど時間がかかっていない仕事もあるはずです。人は、どの仕事にどれだけの時間を使ったか、ということは案外おぼえていないものですから、それまで意識していなかった、意外なことに気づくはずです。

「時間がかかりすぎ」のタスクを見つける

　タスクのなかに、内容の割に時間がかかりすぎているものがある場合、そのタスクのやり方を工夫して、時間を短縮できるかもしれません。仕事の効率を上げたり、時間のムダを減らしたりするためには、長く時間がかかっているタスクから改善していくと効果が大きいです。たとえば、もともと 10 分のタスクにかかる時間を、がんばって 50 パーセント縮めたとします。この場合、節約効果は 5 分しかありません。しかし、もともと 2 時間のタスクなら 1 時間の節約効果があります。この 2 つの全体への影響は、大きく違います *。

　「時間を上手に使いたい」というのは、誰もが思う望みです。しかし、時間のムダを着実に減らしていける人は、意外に少ないのです。その差を生むのは、「時間のバランス」を見ること、時間のムダに対して敏感になることです。これが時間のムダを見つけ、時間のムダを減らしていくための近道になるのです。

＊ただし、同じ 10 分のタスクでも週に何度も行う場合は、改善できたときの効果がとても大きいので、挑戦のしがいがありますよ。

Part 9

4 時間の切り分けで
集中力アップ！

「仕事」と「プライベート」を切り分ける

　「もっと勉強したい」「家族とすごす時間をふやしたい」「時間を作って趣味に没頭したい」。あなたには、そんな思いはあるでしょうか？　そういう思いと、仕事をうまく両立させるのは、なかなか難しいことですよね。また、仕事が忙しいから…といって、残業が長くなってしまい、ストレスがたまってくる。そんな状況をなんとかしたいという人もいるかもしれませんね。

　「ついつい残業が長くなってしまう」のは、仕事量が自分の仕事時間の枠からはみだしているということです。これを「まあいいか」で済ませてしまうと、仕事時間は短くなりません。時間の切り分けは、もっと強く意識することが必要なんです。

　先ほど説明したように、週40時間の勤務なら、1週間のなかでの仕事時間は約24パーセントと、意外に少ないものです。この時間の枠を普段からしっかり意識しておかないと、仕事は簡単に枠からはみ出してしまいます。

　では、仕事に使える時間を意識するために、「時間の地図」に少し工夫をしてみましょう。まず、仕事を始める時間と、目標とする仕事終了時間に線を引きます。また、昼休みの時間にも線を引いておきます。こうすると、午前中と午後に線で囲まれた「仕事時間の枠」ができます。このように実際に囲んでみると、時間が案外少ないことに気づきませんか？　そう自覚することが大切なんです。

Part 7で説明した、「能率を上げる」「人に任せる」「仕事を断る」という手段を使う場合も、そのきっかけになるのは、自分が使える時間を自覚することです。時間の枠を意識することは、とても単純なことですが、だまされたと思ってやってみてください。「この時間内に終わらせる」という意識を持つと、計画の立て方や仕事への集中力は、必ず変わってきます。

時間を切り分ける

仕事時間を枠で囲む

8	8	8	8	8
9	9	9	9	9
10	10	10	10	10
11	11	11	11	11
12	12	12	12	12
13	13	13	13	13
14	14	14	14	14
15	15	15	15	15
16	16	16	16	16
17	17	17	17	17
18	18	18	18	18
19	19	19	19	19
20	20	20	20	20

**仕事の時間はたくさんあるようで…実は案外少ない
この枠の中に収まるように意識して仕事をしてみよう**

Part 9　時間バランスで使い方を見直す

Part 9 - 5 その時間は誰のもの？

時間の所有権という考え方

残業時間を
減らすには…？

　それでも、残業時間が減らせない…そんな悩みを抱えてしまう場合には、時間に対する考え方を、少し変えてみるのも効果的です。

　たとえば、「今日は6時までに終わろう」と、最初は思っていても、目標の時間までに仕事が終わるかどうかが微妙になってくると、迷うこともあるものです。「なんとか時間内に終わろう」と「どうせ残業になるから、ゆっくりやればいいや」という2つの思いの間で迷ってしまうのです。また、あまり重要でない仕事を「まあいいか」と引き受けてしまい、そのせいで、目標の時間に終わらないこともあるかもしれません。

　このように、人は自分の時間の使い方について、なかなか厳しくなりきれないこともあります。こんなときに「まあいいか」で済ませないようにするために、「時間の所有権」を意識する方法があります。

「時間の所有権」を
考えてみよう

　「残業時間を減らしたい」という思いがあっても、「今日はガマンしよう」「自分さえガマンすればいい」と思っていると、つい妥協してしまいがちになりますよね。

　しかし、「仕事のあとにデートがある」という日の場合は、どうでしょ

うか？　なんとか仕事を終わらせようと、がんばるのではないでしょうか。

このように、仕事のあとに「人との約束」がある場合には、仕事を終わらせようとする集中力が高まります。「自分のための時間」と考えるよりも、「誰かのための時間」と考えたほうが、「仕事を終わらせよう」という意志が強くなるのです。

時間のバランスを取るために、これを利用する方法があります。たとえば、家族と過ごす時間を増やしたい場合には、「8時からは家族と過ごす」のように、「家族と共有する時間」を決めてしまいます。その時間の「所有権」は、自分にだけあるのではなく、家族と共有しているものです。ですから、「自分ひとりの都合で、残業してはいけない」と考えるのです。こうすると、ちょっとプレッシャーを感じるかもしれませんが、残業を減らすための効果があるんです。

たとえば、英会話を勉強する場合には、独学よりも、仕事のあとに学校に通うほうが、「時間を共有する」効果は高くなります。学校に通うのが無理な場合は、どこまで勉強したかを、毎日ブログなどで公開して共有するという方法もあります。

また、趣味の仲間がいる場合には、ときどき仕事のあとに集まる約束をしてみてはいかがでしょうか。そうやって、「今日は残業しないで帰る」という日を作るようにすると、集中して仕事に取り組む習慣がつきやすくなるのです。

Part 9　時間バランスで使い方を見直す

Part 9
6 いまの時間を
将来へ投資する

「将来への投資」
を考える

　勉強やスキルアップのために使う時間は、ある意味では将来のための投資といえます。それと同じように、将来の顧客を見つけるための営業活動や、将来の新製品のための基礎研究、新しい事業のアイディアを考えることも、同じように将来のための投資です。

　これらは、私たちにとって必要不可欠なものです。なぜなら、現在はさまざまな分野で変化の激しい時代です。1つの仕事スキルや、1つのビジネスモデルだけに頼って働き続けられる人は、どんどん少なくなっているのです。つまり、現在の仕事にがんばるだけでなく、将来の仕事を生み出すための活動が必要なのです。これは、誰でも同じことです。

　「時間の地図」にタスクの実行時間も記録していくと、時間のバランスがわかりやすくなる、と先に説明しましたよね。それを利用して、あなたの時間のなかに、「将来への投資」といえる時間が何パーセントあるか計算してみてください。

　たとえば、開発の仕事をしている場合には、将来の製品のための新技術の開発や、新しいスキルの習得などに使った時間をカウントします。仮に、週に40時間の仕事時間があるなら、カウントした時間数に、2.5をかければ、パーセントでの比率になります。

　プライベートの時間に行う勉強などは、「自分の全活動時間（睡眠

を除いた時間)」で計算してみてください＊。このように計算すると、「将来への投資」にどのくらい時間をかけているかがわかります。

「将来への投資」
目標は、まずは10パーセント

　もちろん、誰でも将来のことばかりを考えて行動していくわけにはいきません。現在の仕事や生活のために、必要な時間もあります。では、「将来への投資」に、どのくらいの時間をかければいいのでしょうか？

　たとえば、企業の例でいうと、現在の仕事とは直接関係のない研究に使う時間の比率を決めている企業もあります。ポストイットを開発した米国３Ｍは 15 パーセント、インターネットの検索でおなじみの Google では 20 パーセントの時間を、将来のための研究に使っています。それにならえば、私たち個人個人の「将来への投資」も、理想的には 15 パーセント以上、目標として、まずは 10 パーセント以上は、ほしいところです。実際に、将来のことを考えて勉強やスキルアップしているビジネスパーソンのなかには、10 パーセント以上の時間をかけている人が少なくありません。

　あなたも、「将来への投資」のための時間をつくり、それが 10 パーセントを超えるように、目標を立ててみてはいかがでしょうか。

＊睡眠時間が8時間の場合、カウントした時間数に 0.9 をかければ、パーセントでの比率になります（週に 10 時間なら9パーセント）。睡眠時間が5〜7時間なら 0.8 を、それ以下なら 0.7 をかければ、大まかな比率がわかります。

Part 9 まとめ

「時間の地図」が使えるようになったら、時間のバランスについても、考えてみよう

◆自分の時間バランスを振り返ってみる

1週間の時間バランスを確認する
1週間の中の1時間＝約0.6パーセント

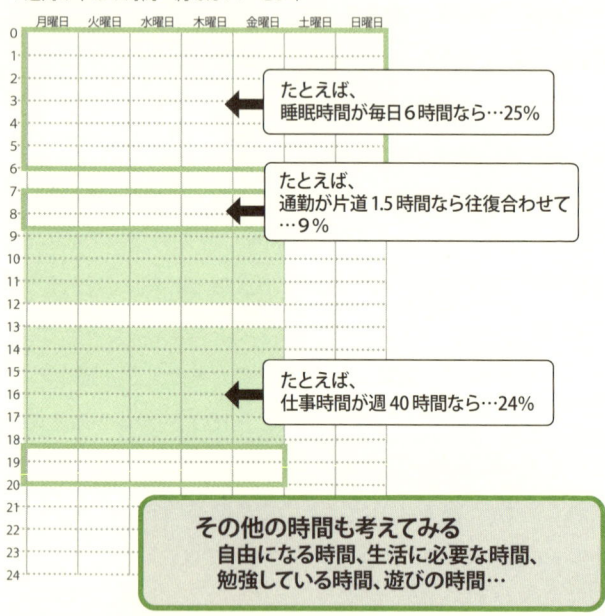

	月曜日	火曜日	水曜日	木曜日	金曜日	土曜日	日曜日

← たとえば、睡眠時間が毎日6時間なら…25%

← たとえば、通勤が片道1.5時間なら往復合わせて…9%

← たとえば、仕事時間が週40時間なら…24%

その他の時間も考えてみる
自由になる時間、生活に必要な時間、勉強している時間、遊びの時間…

◆仕事のなかの時間バランスを見る

- タスクの実行時間を記録する
- 結果（時間配分）を見る ⟶ 時間がかかりすぎのタスクを見つける
  時間が長いものから改善していく

◆自分の時間バランスを振り返ってみる

仕事の時間とプライベートの時間を切り分ける

8	8	8	8	8
9	9	9	9	9
10	10	10	10	10
11	11	11	11	11
12	12	12	12	12
13	13	13	13	13
14	14	14	14	14
15	15	15	15	15
16	16	16	16	16
17	17	17	17	17
18	18	18	18	18
19	19	19	19	19
20	20	20	20	20

← 仕事時間を枠で囲む

仕事の時間はたくさんあるようで…実は案外少ない
この枠の中に収まるように意識して仕事をしてみよう

残業時間を減らすには？

「人との約束」があるほうが、集中して仕事を終わらせやすくなる
「残業しない日」を作り、その日は早く仕事を終わらせる習慣をつける

◆「将来への投資」の時間を考える

将来のために行動した時間数 × 2.5 ＝ 将来への時間の投資（％）
（1週間の中で）　　　　　　　　　　　（週40時間の仕事時間内で）

勉強やスキルアップ、将来の新技術の開発
将来の顧客を見つける営業活動
新しい事業のアイディアを考える　など

目標はまずは10％以上！

将来のために行動した時間数 × 0.9 ＝ 将来への時間の投資（％）
（1週間の中で）　　　　　　　　　　　（睡眠時間が8時間の場合の全活動時間内で）

睡眠時間が5〜7時間の場合は0.8を
睡眠時間がそれ以下の場合は0.7をかける

目標はまずは10％以上！

Part 9　時間バランスで使い方を見直す

column ⑨

どちらも大事な「時間の切り替え」と「気持ちの切り替え」

　時間のバランスを取る。これは、実はとても難しいことです。
　というのは、そもそも自分にとって、どんなバランスが最適かということ自体、案外わからないものだからです。

　時間のバランスには、「こうあるべき」という、決まった姿はありません。そのときの仕事の内容や、プライベートの状況によって変わりますし、年齢や役職などが変わっていくことによっても、変化するかもしれません。そういう意味で、一生の間、探し続けるものかもしれません。
　ですから、人のやり方がどうであれ、自分のバランスは、自分で探していくことが大事ですし、ときどき見直してみることも必要です。「時間の地図」を使っていると、ときどき時間のバランスについて考えることがあると思います。そんな機会には、少し手を止めて自分の仕事と自分の時間を見つめ直してみてください。

　そして、もう1つ大事なことがあります。バランスを取るだけでなく、上手に気持ちを切り替えることも大事なんです。

　たとえば、仕事がハードで残業が続いている時期でも、上手に気持ちを切り替えられれば、ストレスがたまり続けることは、少ないものです。

　一方、あまり残業していなくても、気持ちがうまく切り替えられな

い場合、つまり、プライベートの時間に仕事のことが忘れられないようですと、ストレスがたまりがちになります。

　仕事とプライベートの気持ちの切り替えのためには、Part 7 でも説明したように、「時間の地図」が役に立ちます。「時間の地図」で仕事を整理しておき、「明日も大丈夫」、「来週も大丈夫」という、やれる見込みを立てておくこと、これが、切り替え上手になる秘訣です。仕事への心配ごとをできるだけ減らしておくということですね。

　「時間のバランス」に関連して、もう 1 つ言っておきたいことがあります。自分の時間について考えるときには、24 時間すべての時間の使い方を細かく決めないといけないと考える人もいます。もちろん、そうしても構いませんが、どこまでやるかは、本当は自由なんです。

　というのは、人によっては、24 時間すべてが「何かやらなきゃいけない時間」になることを、負担に感じる場合があるんです。もし、そうなってしまいそうなら、きちんと計画するのは仕事の時間だけにしてもいいですし、プライベートの一部にまったく無計画の時間を作っても構いません。

　「何もしない時間」や、「無計画の時間」は、必ずしも悪いことばかりじゃないんです（すべてが無計画だと、もちろん困りますが）。

　それも含めて、自分なりの時間のバランスを探してみてくださいね。

Part 10

「時間の地図」で変わること

Part 10
1 仕事の効率がよくなる

仕事の手順がよくなる

　ここまでに紹介してきた方法で、自分の行動を「計画的な行動」に変えていくことができます。この最後の Part では、「計画的」になるとどんな利点があるか、説明しておきたいと思います。

　まず、普段の行動が「計画的」に変わると、仕事の効率も上がります。「段取り」のところでも説明しましたが、仕事は手順しだいで大きく効率が変わります。「時間の地図」を使うと、「段取り」のように1つの仕事の手順を考えることに加えて、自分の時間全体の手順を考えることもできるようになってきます。

　たとえば、まったく違うプロジェクトの仕事であっても、同じ方面に出かける用事があれば、その用事は同じ日にまとめてやってしまったほうが、効率はよくなります。また、作業内容が似ている仕事は、まとめて処理したほうが効率がよくなることも多いです。

　自分の仕事を「時間の地図」にまとめて整理しておくと、このような手順の工夫ができるものに気づきやすくなります。実際に、工夫すれば効率的になる仕事は、あなたの仕事のなかにもあるはずなんです。

　しかし、目の前のことにとらわれていつもバタバタと行動していると、こういう工夫を考える余裕がないまま仕事が目の前に迫ってきます。そして、ますますバタバタしてしまうというわけです。

「時間の地図」を見て、「少し先の未来」を予想する習慣を持つと、こういう仕事の手順が上手になります。実際に実行する前に、考えるための時間がたくさんありますから、それだけいい手順が思いつきやすくなるのです。

問題が起こる前に気がつく

　また、「少し先の未来」を想像する習慣を持つと、問題が起こりそうな場合に事前に気づくことができます。たとえば、仕事が多すぎて時間が足りなくなる日があったとしても、事前に気づけば、その仕事の一部を前もってやっておいたりできましたよね。当日になってから気づいていては、こうはできません。

　問題が起こる前に気づいたほうが、対処方法の選択肢が広がります。早く気づいたほうが、結果として仕事の効率がよくなるのです。

時間のムダに気づく

　「時間のムダ」を減らすためには、自分がどう時間を使っているか自覚することが大事です。しかし、人はどの仕事にどのくらい時間をかけているか、意外に自覚できていないものです。これが、時間のムダをつくる原因になることもあります。

　「時間の地図」を見る習慣は、自分の時間が有限だということを視覚的なイメージとしてとらえます。そして、そのなかで自分が何に、どれだけの時間を使ったか、振り返って見ることで、自分の行動のなかにある「時間のムダ」に気づきやすくなるのです。

Part 10-2 仕事のストレスが減る

時間管理は効率だけじゃない

「時間管理」というと、「時間のムダを省くこと」「仕事の効率を上げること」というイメージを持っていた人も多いと思います。しかし、実際の効果は、それだけではありません。意外かもしれませんが、仕事にともなうストレスを減らしてくれる効果もあるのです。

「ストレス」とは、生物が危機的な状況を乗り越えるために、体内で起こる反応です。これは必ずしも悪いことばかりではありません。適度なストレスには人の能力を高めてくれる効果もあります。しかし、それもストレスから解放される時間があってこその話です。もし、ストレスを感じる状況が続き、ストレスから解放される時間がなくなってしまうことになれば、心身ともに疲れきってしまいます。

実は、時間管理を始める前の私は、仕事にまつわるストレスをとても強く感じていました。仕事に追われてバタバタしたり、プライベートの時間なのに仕事が心配になったり、出社するのに気が重かったりすることがあったのです。しかし、「時間の地図」を使うようになって、これらのストレスは不思議なほど減ってしまいました。

大げさではなく、本当に「仕事って、こんなに楽しかったんだ」と感じたほどです。

「仕事に追われる」ストレスが減る

ストレスが減った理由の1つは、時間管理によって「仕事に追われる」

感じが減ったことです。余裕をもって仕事が片付くようになったり、仕事を催促されることがなくなったり、仕事が重なって困ることがなくなったりしたので、「仕事に追われている」感覚から主体的に仕事を進めている感覚に変わりました。そして、気がつけば「仕事に追われる」ストレスが大きく減っていたのです。

「やれるかどうかわからない」ストレスが減る

　もう1つの理由は「やれるかどうかわからない」という不安がなくなったことです。仕事を頭のなかの記憶だけで管理していたり、仕事を溜め込んでしまったりすると「明日はちゃんとやれるだろうか？」という不安を常に感じます。このように、「やれる」という実感がないまま仕事に向かうのは、強いストレスの原因になります。

　時間管理によって、明日以降の仕事も「やれる」という実感を持つことができたので、この「やれるかどうかわからない」ストレスが大きく減ったのです。

　また、Part 7で述べたように、「やれる」という実感が持てると、仕事とプライベートの気持ちの切り替えがうまくなるという効果もあります。

　「仕事はストレスがあって当たり前」とあきらめるのではなく、まずは「時間の地図」をしばらく使ってみてください。きっとあなたも同じ効果を実感できると思いますよ。

Part 10 - 3 やりたいことができる

「時間管理」で自由な時間が見えてくる

「時間管理」には、「時間にしばられてキュウクツ」というイメージもあるかもしれません。しかし、これには少し誤解があります。時間管理は、決してキュウクツなばかりではありません。もっと自由な感覚も得られるものなのです。

私たちの時間を「やるべきことをやる時間」と、それ以外の「自由な時間」の2つに分けたと考えてみてください。「やるべきこと」の時間が被写体だとすると、「自由な時間」はその背景です。

もし、「やるべきこと」がピンボケではっきり見えなければ、その残りの「自由な時間」もぼんやりしてしまいます。逆に「やるべきこと」にピントが合い、くっきり見えていれば、その背景にある「自由な時間」も明確になってきます。

時間管理によって、「やるべきこと」が明確になれば、自由な部分も明確になります。ですから、時間管理は、キュウクツなことばかりではないのです。

「やりたいこと」のために時間を確保する

また、時間管理は、「やるべきことをやる」だけのものではありません。仕事もプライベートも含めて「やりたいことをやる」ためのものでもあります。たとえば、プライベートの時間を充実させたい人や、勉強やスキルアップの時間を確保したい人、仕事の中のある分野に力を注ぎたい人のために、時間管理はとても役に立ちます。

時間管理ができていない場合には、「やるべきこと」を忘れたまま、「やりたいこと」をやってしまって失敗することがあります。これはこれで問題ですよね。

　しかし、もう1つ別の問題もあります。それは、「やるべきことが終わってから、やりたいことをやろう」と考えているうちに、その「やりたいこと」をやれないまま、時間が過ぎてしまうという問題です。

　「やるべきこと」に追われてバタバタしていると、「やりたいこと」をやる時間の余裕も、心の余裕もなくしてしまいます。また、「やるべきこと」が気になっていると、「やりたいこと」をやろうとするときに罪悪感を感じてしまうこともあります。そして、結局、やれないまま時間が過ぎてしまうのです。

　時間管理が習慣になると、「やるべきこと」を必要なときまでに「やれる」という実感が持てるようになりますから、「やりたいこと」をやるのに罪悪感を感じなくて済みます。また、「やりたいこと」をやるために先手を打って時間を確保したり、「やるべきこと」を時間内に収めるように集中して仕事に取り組んだりできるようになってきます。ですから、忙しい人、やりたいことがある人、自由な時間がほしい人ほど、時間管理によって得られるメリットは大きいのです。

Part 10-4 習慣が成長を生む

「未来を作る」能力が人類を成長させた

本書で述べてきた「計画的な行動」とは、自分の「未来」を想像したり、「未来」を設計したり、「未来のために」行動したりすることであり、自分の「未来」を作ることです。そして、これは、私たち人類にしかできないことです。

人類にできて他の動物にできないことといえば、文明を築いてきたこともそうです。もしかしたら、人類は「未来」を作ることができるようになったからこそ、文明を築くことができたのかもしれません。そもそも「未来」という意識がなければ、何年もかけて巨大な建造物を作ったり、文字を使って後世に何かを残そうなどとは考えないのではないでしょうか。

そう考えると「未来を作る」能力が、人類の文明をここまで成長させてきたのかもしれませんね。

「計画的」になる習慣が現代人を成長させる

しかし、現在のようにたくさんの情報があふれ、スピードが重視される時代になってくると、さすがの人類も、少々振り回され気味のようにも思えます。

本書で説明してきたように、私たちは、計画的な行動に必要な「基本的な能力」は持っています。しかし、どうしても目先のことに追われてしまいがちなのは、現代人に共通する悩みです。「基本的な能力」だけでは通用しない時代に入っているのかもしれません。

現代人に必要なのは、私たちが本来もっている基本的な能力を活かすための「道具」であり、それを使いこなすための「習慣」です。
　「道具」は、決して複雑なものを使う必要はありません。本書で説明してきた、シンプルな「時間の地図」で構いません。重要なことは、それをいかに「習慣」として、確実に使いこなせるかどうかです。

　自分の「道具」を見つけ、その使い方を「習慣」として身につけることができた人は、より「計画的」になることができるようになります。それができると、最初に「未来」を作ることを始めた、私たちの祖先たちと同じように、「未来」のための自分の成長力を大きくステップアップすることができるのではないか、そんな気がします。

　「将来の夢を追いかける」「いまの環境でがんばる」など、望む「未来」は、人によって違います。思い描く未来も「1年後」「10年後」「30年後」とさまざまでしょう。しかし、その誰にとっても、「計画的」になる習慣が、自分を成長させるための起爆剤になるのは間違いありません。あなたも、自分を成長させるための「習慣」に一歩踏み出してみてください。

Part 10-5 さあ、実行しよう

「これから」の時間を大事に

最後に、1つ、注意してほしいことをお伝えしておきます。

こういう「時間の使い方」についての本を読むと、「いままでの時間の使い方が悪かった」という感想を持つ人が多いです。

実は、私も以前そう思ったことがありました。私は、いまでこそこんなふうに本を執筆できるようになりましたが、昔は文章を書いたり本を読んだりするのは苦手でした。積極的に本を読んだり、文章を書いたりするようになったのは、30代に入ってからです。

そんなことがあったので、「もし、20代のうちにもっと本を読んでおけば…」と思ったこともありました。しかし、いまはそれを悔やみません。そんなことよりも、「これから何をしていくか」を考えるほうが大事だからです。

あなたも、過ぎ去った時間のことについては、あまり悔やまないでください。それよりも「これからの時間をどう使うか」のほうが、ずっと大事なのですから。

「時間の地図」を使おう

この本で説明した手法は、実際に私がやっている手法の中心部分を抜き出したものです。

私は、この手法を見つける前に、いろいろな時間管理の手法を試しましたが、どれも長続きしませんでした。そして、いろいろな時間管理の手法を調べ、本当に必要なシンプルな原則にまとめたのが、この「時

間の地図」の手法です。

そして、他の方法では続かなかった私でも、この「時間の地図」は継続できていますし、自分に「計画的な行動」が身についたのを感じています。だからこそ、あなたにこの手法を紹介したかったのです。

この手法の特にいいところは、「時間の地図」を見たり、書いたりするために、あまり時間がかからないことです。1つ1つは小さな「習慣」なので無理なくできますし、数ある時間管理手法のなかでも、特に「継続しやすい」ものになっていることは間違いありません。

毎日書いたり、見たりすることは、最初は少し面倒だと感じるかもしれません。しかし、実行し続けていくと、自分の行動が変わっていくのを感じるはずです。ぜひ、あなたもこの手法を活用してみてください。

Part 10 「時間の地図」で変わること

Part 10 まとめ

「計画的」になると、変わること

```
仕事の効率がよくなる
```

* **仕事の手順がよくなる**
  実行する前に、考える時間があるので、いい手順を思いつきやすい

* **問題が起こる前に気がつく**
  事前に気づけば、対処しやすい

* **時間のムダに気がつく**
  何に、どのくらい時間を使ったか、自覚できる

```
仕事のストレスが減る
```

* **「仕事に追われる」ストレスが減る**
  仕事を催促されたり、仕事が重なって困ることがなくなる

* **「やれるかどうかわからない」ストレスが減る**
  明日以降の仕事も「やれる」という実感が持てる

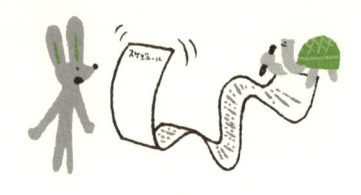

やりたいことができる

* **自由になる時間が見えてくる**
  「やるべきこと」がはっきりするから、自由な時間もはっきりする

* **「やりたいこと」のために時間を確保できる**
  先手を打って時間を確保する
  「やるべきこと」を時間内におさめる

実行しよう

* **「いままでの時間の使い方」を悔やんでも仕方がない**
  「これからの時間をどう使うか」のほうが、ずっと大事

* **「時間の地図」は簡単で継続しやすい方法**
  続けていけば、自分の行動が変わっていく

column 10

自分の仕事力を上げるためには？

総合的な仕事力を確実に上げる方法

「自分の仕事力を上げたい！」というのは、誰もが望むことですよね。そんな仕事力を上げるための、ワンポイント的な手法は、いろいろな本や雑誌、サイトなどに取り上げられることもあります。しかし、ワンポイント的な手法で、すべての仕事力が上がるというわけではありません。「これさえやれば、総合的な仕事力がすぐに上がる」という手法があればいいのですが、残念ながら、そんな方法はありません。でも、それにもっとも近いのが時間管理です。時間管理を学び、身につけて実践していけば、仕事力は少しずつ、確実に上がっていきます。

そもそも、仕事力を上げるための最適な教材は、私たちの目の前にあります。普段の仕事が、一番の教材なのです。どんな新しい手法も、それを「知る」だけでは身につきません。それを自分の仕事のなかで「実践する」ことで、はじめて身につきます。私たちは、日頃、自分の仕事のなかで、少しずつ学び、成長を続けているのです。

しかし、その「仕事」という教材から学ぶ効果は、意識の持ち方で大きく変わります。ただ目の前にある仕事を、いわれたままにこなしているだけでは、なかなか仕事力が高まりません。一方、仕事のやり方を考えながら、少しずつ改善していければ、毎日、仕事力が少しずつ高まっていきます。この意識の持ち方の違いが、数年後には、とても大きな仕事力の差になります。それなら、後者になりたいですよね。

そして、私たちは、この2つのタイプのどちらにもなれます。その違

いは、ほんのちょっとしたことです。たとえば、仕事をしているなかで、「この仕事はどうやってやるのがいいか?」と考えることや、「今回はうまくやれたか?」と振り返って考えてみたりすることです。問題意識を持って仕事に取り組んでいるかどうかの違いといってもいいでしょう。「もっといいやり方がないか?」という問題意識を持ち、「気づいて」「改善する」ことのくり返しが、仕事力アップに結びつくのです。

「気づいて」「改善する」ことの重要さ

このような、「気づいて」「改善する」ことのくり返しは、製造業の生産現場で行われている改善活動とも似ています。私はそういう改善活動を見てきた経験のなかで、次のように感じています。たとえば、現場で働く人は、「生産効率アップ」「品質改善」といった課題を、難しいものと思い、敬遠しがちです。しかし、実際には、現場で働く人ほど、改善のためのヒントを持っていることが多いのです。そして、そのヒントを実際の改善に結びつけられるかどうかが鍵なんです。

これはオフィスワークでも同じです。働く人は誰でも、改善のヒントを持っているはずです。問題なのは、仕事に追われ、時間に追われていると、考える余裕や、改善する余裕をなくしてしまうことです。

時間管理を続ければ、そういう余裕を作りだせると同時に、仕事に手をつける前に考え、やれたことを振り返って考えられます。そして、そこで気づいたことを、仕事の改善に生かしていけば、仕事力を何倍にも上げることも、決して難しいことではないのです。

おわりに

　あなたは、この本を読んで、どう思ったでしょうか？

　「これならやれそうな気がする」と思ってもらえていたら、この本の目的の半分は達成できたことになります。そして、もう半分の目的は、あなたがこの本で紹介した手法を実行してくれることです。
　この本の内容を「やれそう」で終わらせないで、実際にやってみて、そして、続けてみてください。自分の時間の使い方を変えるためには、読んで「わかる」ことよりも、実際に「やってみる」ことが、何よりも大事なんです。
　なぜなら、この本で得た知識よりも、実際に実行していくなかで得られるもののほうが、もっと価値があるからです。

　計画を立てて、実行することを実際に続けていくと、いろいろなことに気づきます。

　「自分は案外よくばりな計画を立ててしまいがちだ」
　「自分は無理っぽい仕事も、ついつい引き受けてしまいがちだ」
　「自分はやろうと決めたことを、ついつい先延ばししがちだ」
　「やる気の出るときと出ないときは、こなせる仕事量がぜんぜん違う」

　いままで気づかなかった自分のクセを発見すると思います。そうやって自分を知ることが、実は一番大事なんです。
　「時間をうまく使うこと」を目的とした、知識やテクニックは、他にも

いろいろあります。しかし、どんな知識やテクニックよりも、「自分を知ること」が一番役に立ち、応用も効くんです。

もし、「何からやればいいのか?」と迷うなら、まずは、Part 1〜2で紹介した「時間の地図」を使うことだけを始めてみてください。この部分を実行するだけでも、間違いなく変化を感じられるはずです。

この後に、この本で紹介したシートをダウンロードできるウェブサイトを載せてありますので、手軽に実行することができると思います。

最後に、私が時間を上手に使えているときに感じる、3つの「感」を紹介しておきます。その3つの「感」とは、

「やらなきゃ」という「責任感」
「やれた」という「達成感」
「やれる」という「安心感」
この3つです。

「時間を活用しよう」と思うと、どうしても「責任感」と「達成感」を重視してしまいがちです。しかし、それだけでは疲れてしまったり、ストレスを感じたりで、長続きしにくいんです。

本書で紹介した「時間の地図」は、「安心感」も高められる仕組みになっていますから、長くつきあうことができるやり方です。ぜひ、続けてみてください。それが、どんなテクニックを学ぶよりも、自分自身を変える一番の近道になると思いますよ。

耳寄りなお知らせ

本書で紹介した各種フォームがダウンロードできます！

『たったこれだけのことで！仕事力が3倍アップする時間活用法』
読者ページ

http://bizark.co.jp/book3/
（パスワード：fhvw9834）

水口和彦

「時間管理」「生産性向上」「労働時間短縮」を専門とする研修講師・コンサルタント。有限会社ビズアーク　取締役社長。

石川県金沢市生まれ。
大阪大学大学院理学研究科修士課程修了後、住友電気工業株式会社にて自動車部品の設計開発・生産技術・品質管理エンジニアとして勤務。同社在籍中に開発した製品は、社内トップの売り上げを記録。累計一千万台以上の自動車に装着された。そのエンジニア時代に数々の時間管理手法を試すなかで、従来の手法の問題点に気づき、時間管理の研究を開始。開発した手法が好評となり独立。現在に至る。
著書に『部下を持つ人の時間術』（実務教育出版）などがある。

ブログ（時間管理術研究所）：http://jikan.livedoor.biz/
ビズアーク時間管理術研究所ＨＰ：http://bizark.co.jp/
時間管理研修サイト Timebiz：http://timebiz.jp
メールアドレス：mizuguchi@bizark.co.jp

カバーデザイン	◆ 石間淳
本文デザイン・図解イラスト	◆ ムーブ
本文イラスト	◆ 福々ちえ

たったこれだけのことで！
仕事力が3倍アップする時間活用法

2008年 3 月10日　初版第1刷発行
2014年10月10日　初版第4刷発行

著　者　水口和彦
発行者　池澤徹也
発行所　株式会社 実務教育出版
　　　　163-8671　東京都新宿区新宿 1-1-12
　　　　電話　03-3355-1812（編集）　03-3355-1951（販売）
　　　　振替　00160-0-78270

組版／ムーブ　　印刷／壮光舎印刷　　製本／東京美術紙工

©Kazuhiko Mizuguchi 2008　　　Printed in Japan
ISBN978-4-7889-0755-3　C2034
本書の無断転載・無断複製（コピー）を禁じます。
乱丁・落丁本は本社にておとりかえいたします。

好評発売中！

あの名著がいま、再び話題沸騰！

【新訂版】大きく考えることの魔術
あなたには無限の可能性がある

ダビッド・J・シュワルツ著／桑名一央訳

定価：1470円（税込み）
四六判並製
ISBN978-4-7889-0718-8

◆**本書の特長**
「その人の預金の多さも、幸福の大きさも、満足の大きさも、成功もすべて、その人の考え方の大きさに比例している！」あのシュワルツの名著が、この混迷の時代を生き抜く指針として、いま、再び話題を集めています。

◆**目次**
- 第1章　成功できると信じよう
- 第2章　弁解するのはやめなさい
- 第3章　自信を持ちなさい
- 第4章　大きく考えなさい
- 第5章　創造的に考えなさい
- 第6章　自分が考えるとおりの人になる
- 第7章　一流をめざしなさい
- 第8章　正しい態度をとりなさい
- 第9章　人に好かれなさい
- 第10章　行動する習慣をつけなさい
- 第11章　敗北を勝利に転じなさい
- 第12章　目標を設定しなさい
- 第13章　リーダーらしく考えよ

実務教育出版の本